아무 일도 없는 평범한 날에

포근한 햇살이 내리쬐는 것처럼

그냥 그러하게 느껴지는

아이를 향한

부드러운 관심이 필요합니다.

아이를 진지하게 대하는
습관 갖기

엄마가 마음을
공부하는 시간

아이를 진지하게 대하는
습관 갖기

엄마가 마음을 공부하는 시간

김이수 지음

봄풀

머리말

엄마 마음 아이 마음 함께 지키기

'자녀는 부모의 스승이다.'

세상엔 좋은 선생님들이 많이 있습니다만 아이만큼 부모가 자기 자신을 있는 그대로 만나게 하는 스승은 없지 싶습니다. 내가 만나고 싶지 않았던 상황을 경험하게 하고, 좋든 싫든 내게 이런 면이 있었나 싶을 만큼 모든 감정과 행동을 들여다보게 하는, 하여 끊임없이 내 자신에게 질문을 던지게 만드는 존재. 자녀는 부모에게 늘 화두가 되는 사람입니다.

아이 셋을 키우며 수많은 시행착오들을 줄여보고자 심리상담사의 길에 들어선 지 이제 십여 년이 다 되어갑니다. 이 책은 저와 그간 함께해 주셨던 부모님들의 수많은 이야기들을 소재로 아들러 심리학을 기반으로 한 부모 공부를 소개하고 있습니다. 생활 속에서 아이와 보다 나은 존중과 협력의 인간관계를 만들어가고자 하는 부모님들께 도움이 되었으면 하는 마음입니다.

세상이 변화하고 발전하고 있음에도, 오늘도 아이들이 학대받고 있다는 소식은 영락없이 들려옵니다. 그리고 그때마다 아이들을 지켜줄 부모님들의 노력이 절실한 때임을 돌아보게 됩니다.

부모라는 이름은 자연이 우리에게 준 선물이지만, 그 이름을 책임지는 것은 부모의 몫입니다. 미래를 이끌어 갈 소중한 아이들의 삶을 보호하고 지키려는 많은 분들의 노력에 이 책도 작은 보탬이 되길 바라는 마음 간절합니다.

아울러 아들러 심리학에 관심을 가지도록 이끌어주신 노안영 교수님과 저를 아들러 부모교육으로 이끌어주신 전종국 교수님, 부족한 제 글을 귀하게 보아주시고 출판의 뜻을 밝혀주신 봄풀출판에 깊은 감사를 드립니다.

숲속 작은 상담실에서 김이수

추천사

세상 모든 아이들을 향한 따뜻함과 아이를 이해하고 사랑하는 부모들의 마음이 느껴집니다. 아이를 사랑하지 않는 부모는 없지만 저마다 사랑하는 방법은 다릅니다. 이 책에서는 아이를 진정으로 사랑하고 존중하고 격려하는 방법을 알려주고 있습니다.

아들러의 지혜는 어렵지 않으나 내 삶에 그 지혜를 활용하며 사는 건 쉽지 않은 일입니다. 누구나 아이를 낳아 양육하고 교육하는 부모의 삶을 살다 보면 보람도 크지만 아쉬울 때도, 후회할 때도 많습니다. 이 책 속 아들러의 지혜는 부모로서 성찰하고 반성하며, 바람직한 부모와 자녀 관계의 방향을 찾는 데 바른 길잡이 역할을 해줄 것입니다.

건강한 부모 역할은 아이 스스로 삶에 대처해 나갈 수 있다는 신뢰를 보여주는 것, 아이가 공동체의 일원으로서 공동체의 느낌을 체화할 수 있도록 도와주는 것입니다. 그런 점에서 아들러의 가르침은 부모와 아이가 서로 존중하고 협력하며, 민주적 가치를 배우는 데 최고의 지혜를 제공합니다. 그리고 이 책은 부모가 꼭 알아야 할 아들러의 그 지혜를 부모가 쉽게 이해할 수 있도록 실제 사례를 통해 쉽게 풀어내고 있습니다.

2011년, '아들러의 행복한 부모 되기(HDAP, Happy Discipline of Adlerian Psychology)' 강사과정에서 만난 지은이는 그동안 아들러 심리학을 깊이 체화하여 상담이나 교육에 참여한 부모와 자녀들에게 많은 도움을 주고 있습니다. 구체적인 사례를 통해 아들러의 지혜를 간명하고 진솔하게 전달하는 이 책이 자녀 양육이나 교육 때문에 고민하는 많은 독자들에게 큰 도움이 되리라 믿어 의심치 않습니다.

전종국 한국아들러심리협회 회장

차례

엄마 마음 공부 첫 번째 시간
내 마음 앞에 서서

엄마 마음 공부 두 번째 시간

아이 마음 앞에 서서

엄마 마음 공부 세 번째 시간

마음과 마음 사이에 서서

엄마 마음 공부 네 번째 시간

상처 난 마음 앞에 서서

엄마 마음 공부 첫 번째 시간

내 마음 앞에 서서

한발짝 물러서서

좀 더 더 깊고 넓게 스스로 물어보세요.

아이가 지닌 그 무엇으로

아이를 이해하려는 건 아닌지,

아이를 한 사람의 존재로

생각하고 있는지…….

1

어떤 아이일까요? 답답해요

아이를 판단하고 평가하고 있지 않나요?

예로부터 인간을 소우주라 불렀습니다.

그런데 사람을 이해하려 할 때 우리는 무엇을 볼까요?

요즘엔 집안, 학벌, 외모, 몸매, 스타일…….

이런 것으로 그 누구를 판단할 때가 많은 것 같아요.

아이가 마음에 안 들죠?
그럴 땐 내가 아이의 무엇을 보고 있는지 생각해 보셔야 해요.
성격, 행동, 능력, 신체 발달, 성적, 친구 관계…….
많은 것 중 어느 한 면으로만 보는 건 아닌지 말이죠.

'얘는 공부를 잘하지…… 얘는 노래를 잘 부르고…….'
'얘는 정리를 못하고, 얘는 인사성이 안 좋아…….'
아이를 판단하고 평가하는 데 익숙해져 가기만 합니다.

누군가를 이해하려면
그가 가진 어떤 기능 하나하나를 나누어 보는 게 아니라
총체적으로 유기적으로 보아야 합니다.
오늘 아이가 한 행동이 이해되지 않는다면
좀 더 멀찍이 떨어져 다시 한 번 더 바라봐 주세요.

'왜 그렇게 말하고 행동했을까?'
'어떤 의미가 있는 걸까?'
'저 아이의 세상에서는 어떤 일이 일어나고 있을까?'

먼저 아이의 우주를 관찰하는 시간을 가져야 합니다.

부모도 모르는 아이의 세상은
그만의 질서와 패턴에 의해 움직여지고 있으니까요.

한발짝 물러서서 좀 더 더 깊고 넓게 스스로 물어보세요.
아이가 지닌 그 무엇으로 아이를 이해하려는 건 아닌지,
아이를 한 사람의 존재로 생각하고 있는지…….

아이의 '그 무엇'이 아니라 '아이'를 보아야 합니다.

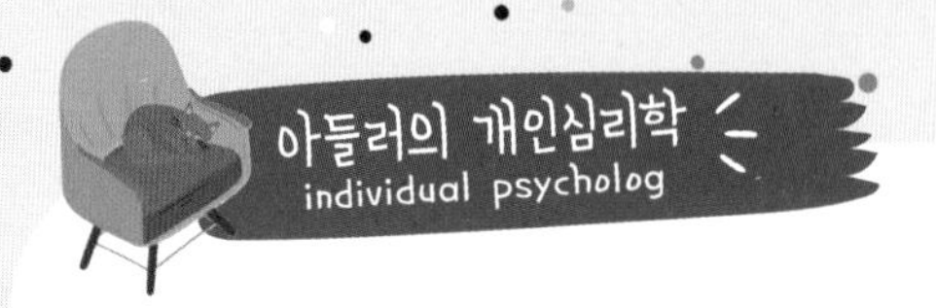

인간 중심 심리학의 시초가 된 아들러의 개인심리학은 인간을 이해함에 있어 행동의 원인을 분석하는 것보다 통합적인 존재로서 그의 행동의 목적과 의미를 이해하는 것을 더 중시하는 심리학입니다.

사회적인 존재로서의 인간은 누구나 열등감을 느끼게 되며, 열등감을 극복하려는 과정에서 자신이 우월할 수 있는 방식을 찾아 사회에서 소속되고 존중받고 싶어 하는 독특한 삶의 양식을 형성하게 되죠.

자신의 삶의 양식을 이해하고, 보다 사회적인 관심을 가지는 방향으로 삶의 양식을 재정립해 나가는 게 인간이 건강하게 성장하는 길임을 강조하는 아들러는 아이를 훈육하는 방식에 있어 소속감 및 존중감, 효율성, 용기를 지니는 게 중요하다고 이야기하고 있습니다.

2

아이의 행동이 이해되지 않아요

엄마의 거울로 아이를 보고 계신 건 아닐까요?

제가 만나는 부모님들 대부분은 아이에게 최선을 다하며,
할 수 있는 한 가장 바람직하게 양육함으로써
아이가 행복해지길 바랍니다.
특별히 상담실까지 아이와 함께 찾아오는 부모님이라면
더더욱 그런 분들입니다.

조금이라도 더 노력해서
아이와 더 좋은 관계를 만들고 싶어 하는 분들이죠.

세상이 많이 달라졌다고는 하지만
아이와 함께 심리상담을 받는 일이
남들로 하여 선입견을 갖게 할 수 있다는 점을 생각한다면
서울을 벗어나 작은 상담실을 찾아오시는 부모님들은
정말 큰 두려움을 무릅쓰고 용기를 내신 분들입니다.
그럼에도 꼭 확실하게 말해 두고 싶은 건
충분히 사랑하고 있어도
오해와 갈등 또한 늘 있기 마련이라는 겁니다.

"내가 아이를 얼마나 예뻐하는데요……."
"아이에게 최선을 다하려고 노력하고 있어요."

이 말이 변명이 아니라 진심임을 믿어 의심치 않습니다.
그런데 아이들을 반려동물과 비교하는 게 기분 나쁠지도 모르지만,
하지만 묻고 싶어요.

"식물이든 물고기든 강아지든 고양이든

뭔가를 기르겠다고 생각하고 입양하신다면
맨 먼저 무엇을 하게 되나요?"

생각해 보셨나요?
먼저 동아리나 인터넷 카페, 블로그, 유튜브 등을 찾아가
전문가의 조언을 듣거나 다른 사람들은 어떻게 기르는지,
기르려는 반려동물이 무엇을 좋아하고 어디서 자며,
어떤 환경을 조성해 주어야 하는지,
그 특성을 알아보고 맞추려 할 겁니다.

그런데 정작 아이들,
식물이나 물고기, 강아지, 고양이와는 비교도 되지 않는
소중한 내 아이의 특성은
얼마나 알려고 노력하셨는지 묻고 싶습니다.
부모는 자신의 아이에 대해 잘 알고 있다고 생각합니다만,
반대로 아이들에게 물어보면
모든 결정을 엄마 아빠가 알아서 할 뿐
자기 생각을 묻는 일이 거의 없다고 말합니다.
실제로는 부모님의 생각에 동의하지 않을 때가 많은데도요.

사람은 저마다의 특성을 가지고 태어납니다.
활동적이고 활달한 아이들,
안정적이고 규칙을 잘 지키며 책임감이 강한 아이들,
호기심 많고 만들기를 좋아하는 아이들,
관심 있는 주제에 몰입하는 아이들,
강아지와 고양이, 친구들에게 정을 주는 따뜻한 아이들…….

"아이들이 다 그렇죠."라고 하실지 모르지만,
그들은 각자 좀 더 편안하고 쉽게 역량을 발휘할 수 있는
자기만의 환경이 있습니다.
마치 선인장이 물속에서 크지 못하고,
연꽃이 사막에서 꽃을 피우지 못하는 자연의 이치처럼요.

아이에 대해 부모가 가진 정보가 부족하다는 말이 아니라
내 아이에 대한 정보가 다소 왜곡돼 있거나
아이를 이해하는 데 있어
자기만의 주관적인 기준이 있다는 뜻입니다.
부모 스스로 잘 느끼지 못할 뿐이죠.

내가 부지런한 사람이라면

아이가 좀 게으르거나 느리다고 생각할 수 있고,
내가 꼼꼼하고 정확한 사람이라면
아이가 침착하지 못하고 덜렁거린다고 해석할 수 있습니다.
내가 좀 느린 사람이라면
아이가 지나치게 빠르거나 보챈다고 생각할 수 있고,
융통성이 많은 사람이라면
꼼꼼하고 정확한 아이를 예민하고 까탈스럽다고 할 수 있습니다.
아이를 이해하는 데 내가 살아온 생활양식이 작용하는 거죠.

느끼실걸요.
같은 일을 옆집 아이가 하면 "참 대범하다."라고 말하다가도
(좀 객관적인 시각이죠.)
우리 아이가 하면 '무모하다.'고 생각할 때가 있다는 걸…….
내 아이기에 더 나와 동일시될 뿐만 아니라
아이를 판단하는 기준이 오목하거나 볼록한 거울처럼
왜곡되어 있을 수도 있다는 말입니다.

아이를 정말 제대로 이해하고 싶다면
먼저 나를 잘 이해하고 있어야 합니다.
내가 가진 거울이 오목거울인지 볼록거울인지 알아야

나를 통해 비치는 아이의 모습이 아닌

아이 그대로의 모습을 알아볼 수가 있습니다.

아이를 정말 사랑하고 이해하고 싶으시다면

먼저 나 자신을 사랑하고 이해해야 합니다.

아이를 이해하는 일은

나를 이해하는 일에서부터 시작되는 것이니까요.

3

내 탓인 것만 같아요

오늘도 뭔가 실수하고 잘못한 것 같으세요?

상담실에서 가장 많이 받는 질문입니다.

"내 탓인 거죠……?"

"내 탓으로 아이가 저렇게 변한 거겠죠……?"

"나보다 더 좋은 부모를 만났으면 더 좋았겠죠……?"

"내가 부모가 아니었다면 아이는 더 행복했겠죠……?"

오늘도 뭔가 실수하고 잘못한 것 같으세요?
나보다 더 좋은 부모를 만나면 행복하게 지낼 텐데 싶은가요?
내가 오히려 아이를 망치고 있는 것 같아 걱정되나요?

부모는 아이의 인생을 책임지는 사람이 아닙니다.
함께 사는 사람, 동반자, 삶의 길을 같이 걸어가는 동지입니다.
서로가 서로에게 조금씩 신세 지고
서로가 서로에게 조금씩 위안이 되어주는 관계인 거죠.
부모가 아이의 인생을 책임져야 한다는 생각,
그만 내려놓으시길 바랍니다.

아이가 실수를 통해 배우고 성장하길 바란다면
내 실수를 쿨하게 인정하고 여유롭게 바라봐야 합니다.
때때로 아이들은 완벽한 부모보다
실수해도 조금은 덜 미안한 구멍 많은 엄마가 편하니까요.

이제 그만 나를 용서해 주시겠습니까?
잘하려고 하다가 그렇게 된 거잖아요.
지금이라도 이 글에 관심을 두고 계신다면
이미 당신은 성장하고 싶어 하는 부모입니다.

실수해도 자신을 용서하고,

잘못을 인정하고 충실히 책임지는 모습,

노력하는 모습으로 아이의 롤모델이 되어 주세요.

겸손하고 진솔한 부모를 본 아이는

자기 행동을 돌아보게 될 겁니다.

오늘도 좀 화내고 욱하고 실수하셨나요?

과감히 용서를 청하고,

예쁘고 당당하게 힘내자 자신을 격려해 주세요.

향기 좋은 차 한 잔, 30분의 낮잠, 산책, 친구와의 수다…….

그게 무엇이든 날 위해 배려해 주세요.

내가 행복해하는 모습에서 아이들도 행복을 경험합니다.

나도 내 속을 잘 모르겠어요

내 행동의 이유를 찾아 보실래요?

나를 이해하는 것이 중요하다고 말씀드렸습니다.

나도 나를 잘 모를 때가 있으니까요.

만약 그렇다면 인간이란 존재를 먼저 이해해야 합니다.

좀 어렵다 느끼실지도 모르지만 아주 중요한 내용입니다.

나를 찾는 여행에 내비게이션이 되어 줄 테니까요.

인간은 분석되기 이전에 온전한 존재입니다.

프로이트와는 좀 결을 달리하는 부분인데요.
무의식과 의식, 에고(ego), 이드(id), 초자아(superego) 등
인간 내면의 여러 가지 특징들을
기계적으로 분석하고 이해하는 것에서 나아가
근본적으로 존중감을 가지고
그 사람 자체로 온전하게 이해해야 한다는 뜻입니다.

조금은 낯선 이 이야기를 우리 식으로 바꾼다면
사람을 기능적으로만 이해해서는 안 된다는 말입니다.
아이에게 대입하면 앞서 얘기했듯 우리는
공부 잘하는 아이, 숙제 안 하는 아이, 컴퓨터에 빠진 아이 등
습관적으로 아이를 한쪽 면에서만 바라보곤 한다는 거죠.

아이가 처음 태어나서 품에 안겼을 때를 기억하시나요?
그 놀랍고 신비롭고 때론 두려웠던 낯선 존재의 의미를?
그때는 그가 미래에 갖게 될 어떤 능력은 중요치 않았습니다.
내 곁에 있는 또 다른 한 사람인 아이.
그를 평가하기 전에 나와 같은 한 사람으로 이해해야 합니다.

모든 사람은 선한 잠재성을 지니고 있으나
그 실현은 우리 자신에게 달려 있습니다.

아들러는 사람에겐 선한 본성이 잠재되어 있다고 믿었습니다.
하지만 그것을 실행하는 일은 개인의 선택으로,
스스로 삶의 방향을 선택할 수 있다고 말했죠.

저도 그처럼 우리에겐 그렇게 서로 격려하고 도움으로써
평화로운 관계를 유지할 능력이 있다고 믿습니다.
그래서 아이가 설령 못된 행동을 했다 해도
이는 선한 행동을 선택할 의지가 부족했기 때문일 뿐이므로
다시 용기를 내도록 격려하는 과정이 필요하다고 얘기합니다.

사람은 모두 다르고 독특한 존재입니다.

생활 속에선 잘 받아들이기 어렵지만 맞는 말입니다.
아이와 부모는 서로 다른 데다 따로따로 독특한 존재여서
부모가 중요하게 여기는 것과 아이가 중요하게 여기는 게
같을 확률이 거의 없습니다.

그럼에도 부모는 경험을 토대로
자기가 생각하는 신념이나 생활철학 등을
아이에게 그대로 적용시키려 할 때가 많죠.
알잖아요. 갈등은 대부분 이때 일어나기 시작한다는 걸…….

사람은 스스로 창조적으로 선택하고
책임질 수 있습니다.

아이가 스스로 선택하고 책임질 수 있다?
부모는 아이에게 얼마나 많은 선택권을 주고 있을까요?
그리고 얼마나 스스로 책임지게 할까요?

한번 생각해 보세요.
아이가 다니는 학원은 스스로 선택했나요?
공부시간, 핸드폰 사용시간 등을 스스로 선택하게 했나요?
아이가 선택했다면 그 결과에 책임을 지도록 맡겨두고 있나요?
그렇지 않다면 내 안의 무엇이
아이의 선택에 맡기는 걸 불안하다고 느끼게 할까요?

열등감은 누구나 느끼는 감정으로,

사람은 이를 보상하기 위해 성장으로 나아갑니다.

열등감은 아주 중요한 자산으로 활용될 수 있습니다.
부족함을 알고 수용하는 것에서부터
그것을 보완하기 위한 강점과 대안, 개성을 만드는
동기가 시작되는 거니까요.
부족한 게 없다면 더 성장해야 할 이유도 없지 않을까요?

그런데도 내가, 내 아이가 다른 아이들보다 부족하다고 느낄 때
우리는 불안하고 초조해합니다.
무엇보다 잘하고 싶은 마음이 커지고 간절할수록
나의 부족함은 숨기고 감추어야 할 것으로 생각하곤 하죠.
이런 정서적 불안과 갈등은
자신의 부족함을 감추기 위해 무리하게
자신을 포장하면서부터 나타납니다.
자기 그대로의 불완전을 사랑하는 것,
그것이 바로 성장의 시작입니다.

인간의 감정, 사고, 행동은 의지의 표현이며
모두 의미를 담고 있습니다.

그냥 일어나는 감정, 사고, 행동은 없습니다.
'그 짓을 뭐하러 하지?' 하는 생각이 들어도
잘 살펴보면 뭔가 내게 도움이 되는 일입니다.
의식적이든 무의식적이든 의미 없이 일어나는 일이 아닌 거죠.
단지, 내가 의식적으로 알아차리지 못할 뿐!

이렇게 말씀드리면 금방 이해하실 겁니다.
자기는 전혀 모르겠는데,
다른 사람은 '아, 쟤 또 저래…….' 싶은 상황!
'자신만 몰라요. 남들은 다 알고 있는데…….' 이런 거요.
누구에게나 있습니다.
남들은 종종 느끼지만 나는 잘 모르는 나의 표현들과
남들은 의식하지만 나는 의식 못 하는 행위들 말입니다.

아이를 야단치기 전에 먼저 자신에게 물어보아야 합니다.
"내가 무슨 말을 하고 싶어 하는 거지?"라고 말이죠.
의식적으로는 이해 못하는 무의식적인 바람이 있을 수도 있고,

아이가 잘못해서 화를 내는 게 아닐 수도 있기 때문입니다.

건강한 사람은 자신이 원하는 삶을 스스로 결정할 수 있으며 사회적인 관심을 발달시킵니다.

건강한 사람의 기준으로는 다음의 두 가지가 있습니다.

'다른 것에 휘둘리지 않고 스스로 내 삶을 선택해 나가고 있는가?'
'공동체에 대한 관심을 발달시키고 있는가?'

아이가 부모의 바람이나 사회 및 문화 또는 열등감에 눌려
원치 않는 일을 선택하지 않게 하고,
자신의 여건을 신중하게 판단해서
스스로 결정하고 책임질 수 있도록 격려하고,
공동체의 일원으로 함께 협력함으로써 성장하는 경험을
가정에서부터 맛볼 수 있어야 합니다.
바로 그것이 아들러식 교육입니다.

타인과의 관계, 공동체에 대한 관심,
함께 사는 사람들의 복지에 대한 관심과 기여는
존재감과 소속감, 존중감을 느끼는 건강한 방향입니다.

아들러는 사회적 관계를 매우 중요시합니다.
정신이 건강하다는 증거는
타인과 내가 서로 존중하는 관계를 맺고,
자신이 속한 공동체에 관심을 가지며,
함께 사는 사람이 좀 더 편안하도록
서로 돌보며 기여하는 가운데 나타난다고 말하죠.
사회가 성장하기 위해서는 인간을 존중하는 민주주의가 확산되어야 하며,
나도 타인도 존중하는 민주적인 관계를 발달시키는 게
평화를 위한 길이라고 아들러는 생각했습니다.
그리고 그러한 성장은 가정과 학교에서의 실제적인 삶으로
경험해야 한다고 강조했죠.

나와 내 아이…….
함께 존중받고 있나요?
가정과 학교는 민주적인가요?
우리의 관계는 어떤가요?

삶의 순간마다 아무런 근거 없이 즉각적인 반응을 보이며 살아야 한다면 얼마나 혼란스러울까요?

우리는 모두 과거의 경험이나 정보들을 바탕으로 형성된 자신만의 생활양식을 기반으로 세상을 바라보고 해석하며, 자신의 감정을 만나고 생각과 행동을 결정합니다. 그렇게 각자가 모두 독특한 자신만의 생활양식을 갖게 되죠.

아들러 심리학에서는 자신의 생활양식 이해를 무엇보다 중요하게 생각합니다. 어린 시절에 주관적으로 형성된 생활양식을 돌아봄으로써 비로소 우리는 이해할 수 없던 나 자신을 공감하고 통합할 성찰의 시간을 가질 수 있기 때문입니다.

자신의 생활양식을 돌아봄으로써 진정으로 자신이 바라는 바를 원하는 방식으로 선택하고 책임지는 성장의 계기를 만들 수 있으며, 이를 통해 있는 그대로의 나를 수용하고 사랑하는 용기를 가졌으면 좋겠습니다.

5

아이 행동에 화가 나요

혹시 아이에게서 어린 시절의 나를 보셨나요?

그녀는 눈물을 흘렸습니다. 조용히…….

어린 시절의 자기 모습을 그림으로 표현하던 중이었죠.

그림 속엔 여자아이가 튜브를 허리에 두른 채

바닷가에 서 있었습니다.

"괜찮으세요?"

제가 묻자 당황한 그녀가 눈물을 훔쳤습니다.

그리곤 어이없다는 듯 웃어 보였죠.

그녀가 말하길, 엊그제 한소릴 했다는군요. 수영장에서…….

"아이가 물이 무섭다고 안 들어가겠다는 거예요.

어린 나이도 아니고 초등학교 4학년이나 됐는데 물이 무섭다나요.

그러면서 신경전을 하는데 짜증이 나서 막 혼냈거든요.

어린애처럼 사람 많은 데서 아무것도 아닌 일로 떼쓴다고…….

그런데 어린 시절 장면이 떠오르는 거예요. 사실 저도

바다에 가면 물에 못 들어가고 모래사장에서만 놀았거든요.

동생들은 다 재미있다고 들어오라는데,

수영도 배우고 튜브도 있었는데 머뭇거리다

그냥 집에 왔던 기억이 말이죠. 겁이 났었어요. 저도 그때는…….

미안해지네요. 우리 딸한테……."

원치 않는 아이의 행동이 기쁠 리는 없지만

이해할 수 없을 만큼 통제되지 않는 분노에는

이처럼 내 경험이 녹아 있을 때가 많습니다.

그리고 순간적으로 일어나는 강한 분노는

손쓸 새 없는 폭언이나 거친 대응으로 나타나곤 합니다.

나는 왜 그렇게 무리하게 화를 냈을까요?
내게 사연이 있으니 어린 나를 만나보시길 추천합니다.
잠시 마음을 내려놓고 어린 시절을 떠올려보세요.
나는 그 어린 시절, 세상과 타인을 어떻게 느꼈나요?
그때 나는 나 자신을 어떤 존재라고 생각했나요?

어린 시절의 내 경험은
지금의 나의 행동과 놀랍도록 긴밀하게 관련되어 있습니다.
그런 나 자신을 잘 이해하려면
어린 시절 경험을 적극적으로 돌아보아야 합니다.
이유 없는 내 감정들에 대해 이해를 더해 줄 겁니다.

초기 기억

인간을 이해하는 데 있어 어린 시절에 대한 회상, 즉 초기 기억은 모든 심리학에서 아주 중요하게 다루어집니다. 아들러 심리학에서도 초기 기억은 개인이 자신과 타인, 세상을 바라보는 관점을 이해하는 데 매우 중요한 정보들을 제공한다고 보죠.

초기 기억 속에는 한 개인이 어린 시절 자신에게 주어진 상황을 어떻게 이해하고 해석했으며, 그러한 인식을 통해 앞으로 자신이 어떻게 행동해야 하는지를 결정하는 과정이 섬세하게 드러납니다.

또 초기 기억을 통해 그의 삶의 의미, 강점들과 함께 생활양식을 좀 더 건강한 방향으로 변화시킬 수 있습니다. 초기 기억을 통한 인간 이해의 접근은 초기 경험으로 현재의 삶이 결정된다는 결정론으로 이해하기보다는, 그가 현재의 생활양식과 밀접한 초기 기억을 떠올리게 된다는 점에서 과거와 현재가 함께 녹아 있는 통합적인 관점으로 이해해야 합니다.

첫 번째 시간 체크 리스트

내 마음 만나기

내 마음을 만나는 일은 매 순간 가능합니다.
내 말투, 행동, 그림, 글, 꿈, 입는 옷, 가방 속 물건들까지
나와 관련된 모든 것들은 지금의 나를 표현하고 있죠.
아들러는 특별히 어린 시절의 장면들을 주목합니다.
어린 시절 기억 속에는
지금 반복되는 생활양식의 궁극적인 이유를 추측할 수 있는
단서가 숨어 있기 때문입니다.

그림을 어떻게 분석할까 고민하지 마세요.
그림 속 어린 나와 지금의 나를 함께 지켜보며
마음에서 떠오르는 느낌을 위로하고 이해하는 과정에서
자연스럽게 알게 되니까요.

나를 이해하는 만큼 내 아이도 이해할 수 있습니다.

내 마음을 만나는 첫 번째 방법

나의 어린 시절

내가 기억하는 어린 시절의 한 장면을 그림으로 표현해 보세요. 8살 이전의 기억을 떠올려보세요. 그 일이 사실인지 아닌지는 중요하지 않습니다. 내가 실제로 일어났던 일이라고 생각하는 기억을 떠올려 그림으로 표현해 주세요.

해보기

나의 어린 시절

내가 기억하는 어린 시절의 한 장면을 그림으로 표현해 보세요. 8살 이전의 기억을 떠올려보세요. 그 일이 사실인지 아닌지는 중요하지 않습니다. 내가 실제로 일어났던 일이라고 생각하는 기억을 떠올려 그림으로 표현해 주세요.

내 마음을 만나는 두 번째 방법

어린 나를 바라보기

그림으로 표현한 어린 시절의 나에 대해 좀 더 알아볼까요? 다음 질문들은 아련한 기억들을 더 분명하게 관찰할 수 있도록 도움을 줍니다. 그림 속 어린 시절의 나에 대해 알아가 보겠습니다.

그림 속의 나는 몇 살인가요?

어린 시절 같은데 정확히 기억 안 남

장소는 어디입니까?

강원도 삼척 기차역

시간은 언제 쯤인가요?

이른 새벽 해가 떠오르고 있을 때

어떤 일이 있었는지 5줄 이내로 적어보세요.

어릴 때부터 나는 엄마 아빠를 떠나 큰엄마를 따라 서울에서 살았다.

차가운 새벽, 큰엄마의 등에 업혀 미처 잠이 깨지 못한 상태에서

기차를 기다리고 있다. 춥고 졸려 큰엄마의 등을 비비며

먼 곳 기차오는 쪽을 바라보고 있다.

그림 속의 나를 좀더 객관적으로 관찰해 보겠습니다. 어린 시절의 내가 되어 뒤 문장을 이어가 보세요.

나의 기분은 (형용사로) 졸립고 몽롱하다.

다른 사람들은 거의 없고 각자 타고 갈 기차를 기다리고 있다.

세상은 고요하고 모든 것은 정해진 때가 있다.

나는 기다리는 사람이다.

나에게 바람이 있다면

새벽부터 추운 곳에 있는 건 별로다. 내 방에서 편하게 자고 싶다.

이야기를 다시 고칠 수 있다면 어떤 부분을 고치고 싶은가요?

이야기를 다시 고친다면 나는 내 방에서 편한 잠을 자고 있을 것이다.

만약 여행이 필요하다면 내 여행가방은 내가 꾸려서 가고 싶은 곳으로

나 스스로 가고 싶다.

해보기

어린 나를 바라보기

그림으로 표현한 어린 시절의 나에 대해 좀 더 알아볼까요? 다음 질문들은 아련한 기억들을 더 분명하게 관찰할 수 있도록 도움을 줍니다. 그림 속 어린 시절의 나에 대해 알아가 보겠습니다.

그림 속의 나는 몇살인가요? ___________살

장소는 어디입니까? __________________

시간은 언제쯤인가요?__________________

어떤 일이 있었는지 5줄 이내로 적어보세요.

____

____

____

____

____

그림 속의 나를 좀더 객관적으로 관찰해 보겠습니다. 어린 시절의 내가 되어 뒤 문장을 이어가 보세요.

나의 기분은 (형용사로) ________________

다른 사람들은 ______________________

세상은 ____________________________

나는 _______________________ 사람이다.

나에게 바람이 있다면

____

____

____

이야기를 다시 고칠 수 있다면 어떤 부분을 고치고 싶은가요?

____

____

____

____

내 마음을 만나는 세 번째 방법 

어린 나와 대화하기

어린 시절의 내가 지금의 나에게 하고픈 말이 있다면 적어보세요.

나는 늘 낯선 곳에 낯선 사람들과 있는 느낌이 들었어. 내가 할 수 있는 일은 하나도 없는 것 같았지. 차갑고 외로운 세상에서 먼 곳에서 떠오르는 태양을 보면서 뭔가 좋은 일들은 현재가 아닌 먼 미래에나 기대할 수 있을 것 같은, 그래서 지금 내게 온기를 주는 사람들에게 전적으로 의지하고 기대했던 것 같아. 넌 어때, 요즘? 난 내가 따뜻한 방에서 푹 자고 가고 싶은 곳은 내 힘으로 가고 싶었어. 내 방이 생겼어? 내 방은 따뜻해? 가고 싶은 곳도 막 다니고 그래? 난 네가 좀 더 따뜻한 온기 속에서 너만의 자유를 누리길 바라.

지금의 내가 어린 시절의 나에게 해주고픈 말을 적어보세요.

안녕? 난 잘지내. 네가 바람을 가져준 덕에 내 방도 잘 있지. 지금은 사방이 봄이라 온통 꽃이 만발이야. 어릴 때 참 많이 돌아다녔던 것 같아. 서울에서 삼척으로, 삼척에서 서울로……. 왠지 떠나야 할 것 같고 이대로는 안 될 것 같은 느낌 때문이었을까? 지금 내가 사는 집은 15년이 넘었어. 여행도 잘 안 가. 집안에서 보는 풍경도 좋거든. 그리고 이젠 사람도 덜 믿어. 순진할 나이는 아닌가 봐. 대신 사람 그 자체를 믿어. 내가 아니어도, 이 관계가 아니어도 나도 다른 사람도 모두 같이 성장할 수 있으리라는 믿음이 생겼어. 그래선가 요즘은 거절도 나름 해. 그래서 네가 사람을 소중하게 여겼던 마음이 고마워. 그 덕분에 내가 상담을 하는 것 같아. 늘 내 안에서 평안하길. 사랑해.

이 과정을 통해 나에 대해 좀 더 알게 된 내용을 적어보세요.

첫 번째. 내가 일출을 무지 좋아하는 이유를 알았다.
두 번째. 어릴 때부터 사람에게 많이 의지했구나.
세 번째, 이젠 외로움을 잘 이해하고 있구나.
네 번째, 혼자 있는 것을 더 편해하는 이유.
다섯 번째, 이젠 어린 시절을 동화처럼 따뜻하게 바라볼 수 있을 만큼 내 마음이 편해졌구나.

전 어린 시절 그림을 자주 그립니다. 매번 다른 그림을 그리고 다른 것들을 새로 느끼게 되는데요. 이번엔 내가 왜 그렇게 일출을 좋아했는지를 새롭게 알게 되었어요. 주변에서 눈치를 줄 정도로 해가 뜨고 지는 모습을 보겠다며 엉뚱하게 행선지를 바꾸곤 했거든요. 이번에 그림을 그리면서 흐린 새벽하늘에 어렴풋이 떠오르는 태양이 내게 준 온기를 기억할 수 있었습니다.
또 큰엄마의 등을 파고들었던 것도 생각이 났어요. 오랫동안 내 곁에 있는 사람들을 깊이 믿고 상처받곤 했던 이유. 아이가 온기를 느낄 수 있는 유일한 곳이 사람의 등이었구나. 그래서 자주 기대고 싶어 했다는 걸 알게 되었습니다.

해보기

어린 나와 대화하기

어린 시절의 내가 지금의 나에게 하고픈 말이 있다면 적어보세요.

지금의 내가 어린 시절의 나에게 해주고픈 말을 적어보세요.

이 과정을 통해 나에 대해 좀더 알게 된 내용을 적어보세요.

엄마 마음 공부 두 번째 시간

아이 마음 앞에 서서

아이들을 믿고 삶에서

자기와 관련된 일의 선택은

스스로 할 수 있게 기회를 열어주세요.

자신이 만들어가는 삶 속에서만

나라는 존재의 소속감과 자존감을

스스로 체득할 수 있습니다.

6

아이를 믿지 못하겠어요

아이가 완벽하길 바라고 있지 않나요?

아이들은 어려서부터 이미 완성된 거대한 세상을 봅니다.

그리고 깨닫게 되죠.

'내가 적응해 나가야 할 것들이 너무나 많구나!'

'나는 너무 부족하구나!'

태어나기 전부터 사회에는 제도, 법, 규칙이 있고,
가정에는 불문율 등 복잡한 많은 것들이 이미 꽉 짜여 있어
아이는 아직 많은 것을 배워야 하는 약자가 되어 버립니다.
사람은 열등감을 갖고 출발할 수밖에 없죠.

하지만 아이들은 다른 여러 자연의 동물들이 그러하듯
주변의 어른들을 흉내 내며 꿋꿋이 사회를 배워 갑니다.
언어로 소통하기 훨씬 전부터 표정, 느낌, 감정, 생각까지
돌보는 부모의 모습을 흡수해
마치 부모가 자신인 것처럼 동일시하죠.
엄마가 아프면 나도 아프고, 아빠가 슬프면 나도 슬퍼지며,
반대로 어른들이 기뻐하면 자기도 기쁘다고 인식합니다.

그러니 양육자와 떨어진 아이는 말 그대로 맨붕에 빠질 수밖에요.
그래서 더 절실하게 양육자에게 사랑과 관심을 요구합니다.
자신을 돌보는 부모를 통해
'지금 이대로도 충분하고 존재만으로도 가치가 있다.'라는
경험을 하게 될 때 소속감과 존중감을 느끼며,
자신의 능력을 발휘할 용기를 갖게 되기 때문입니다.
그리고 그것은 궁극적으로

자신만의 온전한 삶을 살기 위한 전제 조건이 됩니다.
이곳에 내가 존재하고 있다는 확실한 느낌, '존재에 대한 자각'은
대부분의 사람들이 찾으려는 궁극적인 삶의 의미이기도 하니까요.

아이들의 다양한 행동은
부모님의 사랑과 관심이 어떤 때 주어지느냐에 따라
강화되기도 하고 약화되기도 합니다.
자신의 강점을 개발하려면 부모의 인정과 사랑을 받아야 하는데,
어떻게 해도 부모님의 인정과 사랑을 받기는 틀렸다 싶으면
나쁜 짓을 해서라도 관심을 받으려 합니다.
이때부터 아이들은 개인적인 믿음(사적 신념)을 가지게 되죠.
검증되지 않은 아주 주관적이고 즉흥적인
나만의 세상을 이해하는 방식이 생기는 겁니다.

'나는 완벽한 사람이 되어야 해.' 능력을 보여줄 때
'나는 힘 있는 사람이 되어야 해.' 힘을 발휘할 때
'나는 규칙을 지키며 살아야 해.' 시키는 일 잘하고 말을 잘 들을 때
'나는 착한 사람이 되어야 해.' 양보하고 배려할 때

아이가 어떤 행동을 할 때 관심과 사랑을 주시나요?

아이들의 행동은 타고난 자질과 함께
부모님이 무엇을 강조하고 중요하게 생각하는가에서도
큰 영향을 받습니다.

혹 아이들에게 이러이러한 사람이 되어야만
인정받고 존중받을 수 있다고 느끼게 하고 있지는 않은가요?

아이들은 완벽해지기 위해,
힘 있는 사람이 되기 위해,
갈등이 없는 안전한 삶을 살기 위해,
주변으로부터 착한 아이라는 말을 듣기 위해 노력합니다.
그러나 만약 그것이 너무 강한 내적 신념이 되면
반대의 상황이 되었을 때,
즉 실패하거나 약해지거나, 갈등이 생기거나 비난을 받을 때
심리적으로 큰 상처를 받게 됩니다.
게다가 이 사적 신념은 오랫동안 삶에 영향을 미칩니다.

부모가 아이에게 느끼게 해주어야 할 것은
네가 어떤 사람이든 이미 여기 온전히 존재하고 있으며,
소중한 사람이라는 걸 알게 하는 겁니다.

말뿐만 아니라 모든 생활에서 진심으로 그래야 합니다.
온 우주의 생명 하나하나가 다 그렇듯…….

분명 아이는 내 앞에 있는 위대하고 신비로운 우주입니다.
그렇게 애써서 노력하지 않아도 이미, 온전히!

아이의 속마음을 알 수가 없어요

아이의 모든 것을 알고 싶은가요?

아이들에 대해 먼저 알아야 할 게 있습니다.

타인이 자신에 대해 말하는 내용으로 자신을 인식합니다.

아이들은 타인과 사회가 나에게 뭐라고 말하는지를 듣고

나라는 존재를 인식합니다.
내가 타인에게 어떻게 보이는지,
세상은 나에게 얼마나 너그러운지를 늘 생각하며
그 안에서 내가 어떤 존재인지를 고민합니다.
어린 시절에 듣게 되는 말들이 아주 중요한 이유입니다.
이때 형성되는 나에 대한 인식은
어른이 되어서도 오래 간직하는 경우가 많거든요.

부모가 나의 감정을 이해하고 이야기를 들어주며,
실수해도 믿어주면 자신을 좋은 사람으로 인식하지만,
지적하고 비난하고 거절하거나 가능성을 무시하면
나는 쓸모없는 사람인가 보다 생각하고 절망하게 됩니다.
스스로 존재를 만들기보다
사람들이 하는 말들을 모아 자신의 존재를 설정하니까요.

적지 않은, 자존감이 낮은 아이들은
부모에게서 들은 지속적이면서도 부정적인 이야기들로
진심으로 '나는 그렇구나.'라고 믿을 때가 많습니다.

아이의 모든 행동에는 바라는 목표가 있습니다.

자신이 알든 모르든 모든 행동에는 의도가 있습니다.
부모 입장에서 왜 저러는지 이해가 안 되고
심지어 자기 자신에게조차 이해가 안 된다 해도
그 행동은 분명 뭔가를 성취하기 위한 행동이라는 겁니다.
자신에게 도움이 되는 일이라는 걸 경험했기 때문에
본능적으로 하는 행동이죠.
물론, 모든 걸 다 계산해서 하는 건 아닙니다.
하지만 스스로 자각하지 못하는 무의식적인 행동이라도
사람은 이익이 없는 일에 자기 힘을 낭비하지 않습니다.

아이들의 궁극적인 목표는 소속감과 자존감 획득입니다.

아이는 태어나면서부터 커다란 세상을 바라보게 됩니다.
그 후 20년 정도, 아니 그 이상을 매번 타인으로부터
당신이 세상에 어울리려면 어떻게 해야 하는지를 배우죠.
그리고 수시로 평가받습니다.
"그 정도면 잘했어!"

"그렇게 하면 안 돼!"
자기 행동이 매 순간 세상에 받아들여지는 것인지 아닌지 듣게 되죠.
그러면서 쉽지 않다고 느낍니다.
세상을 살아가기에 적절한 사람이 된다는 게…….
이미 이 세상에 충분히 소속되어 있는 사람임에도 말이죠.
세상에서 재미있고 의미 있는 모습으로 살아가고 싶은데,
이대로는 환영받지 못할 것만 같다고 느끼는 겁니다.

아이들은 어떻게든 세상 속에 무난하게 소속되는 것,
소속된 사람으로서 대우를 받는 게 궁극의 목표입니다.
때문에 세상이라는 크고 낯선 세계 앞에서 늘 고민합니다.

"멋지고 당당하게 정문을 걸어 들어가
중요한 일원이 될 수 있을까?
들어가고 싶은 마음은 간절하지만
막상 들어가면 '네가 뭔데 들어가?', '잰 정말 이상해!'라면서
환영받지 못하고 밀려나게 되지는 않을까?"

평소 긍정적인 자아를 가진 아이는
두려워도 자신을 당당하게 드러낼 용기를 내지만,

부정적인 평가를 많이 받는 아이는
지금 이 모습으로는 환영받지 못할 거라는 생각에
왜곡되고 극적인 방식으로 자신을 표현하고,
그렇게 해서라도 존재가 부정당하지 않기를 원합니다.

이해할 수 없는 행동, 좋지 않은 행동은
긍정적인 방식으로는 목표달성이 어렵다고 느낄 때 나타납니다.

아이들이 좋지 않은 행동을 하는 이유는
아무리 긍정적인 행동을 해도
그 세상에 들어갈 수 없을 거라는 내적 확신 때문입니다.
아무리 착한 일을 해도
언니, 오빠, 형, 누나의 존재감을 뛰어넘을 수 없다는 생각이 들면
아프거나, 덤벙대면서 실수하거나, 고집을 부리는 행동을 하면서
관심과 보살핌을 받고 싶어 하는 거죠.
공부를 잘하는 모범생 정도로는
부모님 마음에 들기 어렵겠다 싶으면
학교에서 문제를 일으키거나 싸우는 것으로
걱정을 사서라도 중요한 존재가 되고 싶어 하기도 합니다.

부모님이 하루 종일 걱정하면서 혼내고 속상해한다 해도
그들 마음에 중요한 사람으로 남는 것,
그것이 부모에게 존재감 없는 사람이 되는 것보다
낫다고 생각합니다.

"도대체 저런 짓을 왜 하는 걸까?"
아이가 좋지 않은 행동을 반복하며 관심을 받고자 한다면
그런 일을 벌일 때 아이에게 더 관심을 주는 건 아닌지
돌아보아야 합니다.

아이는 자기의 행동을 스스로 선택할 수 있습니다.

"아이는 자신을 위해 스스로 행동을 선택할 수 있다."
이 말을 믿지 못하신다면
내게 정말 중요한 고민을 아이에게 물어보세요.
그리고 아이가 뭐라고 대답하는지 들어보세요.
아마 놀라실 겁니다. 아이가 가진 삶의 지혜에…….

아직 어려 현명한 판단을 못할 거라 생각할지 모르지만,

시간과 기회를 충분히 주면
스스로 자신을 위한 가장 좋은 선택을 합니다.
최고의 선택은 아닐지라도
자신의 선택을 믿고 실천하고 책임질 때
아이는 온전히 자신에 대한 믿음을 확보해 갑니다.

언젠가 제가 큰 아이에게 물은 적이 있습니다.
아마 초등학교 4학년 때쯤이었던 것 같아요.
"엄마가 고민이 있어. 정말 좋은 사람이라고 생각했는데,
엄마를 크게 실망시켰거든. 그래서 많이 마음이 아팠어.
그런데 그 사람과 같이 있으면 좋은 자리도 얻고,
대우도 받으면서 일을 할 수도 있을 것 같아.
엄마가 계속 그 사람과 같이 일을 하는 게 좋을까?
아니면 그냥 헤어지는 게 나을까?"
어렵지만 제겐 정말로 중요한 질문이었죠. 그땐…….
아이가 대답했습니다.
"엄마, 근데…… 한번 그랬던 사람은 또 그럴 수도 있지 않나?"
"그런가? 그럼 그냥 헤어지는 게 낫겠지?"
"그게 낫지 않을까? 근데, 엄마. 일단은 엄마가 좀 더 건강해져야 해."
의외의 대답이었죠.

아, 역시 상담하는 엄마 밑에서 자라 그런가 싶은 마음에
뿌듯한 기분으로 다시 물었습니다.
"내가 건강해져야 해?"
"응, 지금은 아픈 마음을 건강하게 만들어야지.
그래서 힘을 길러 뒤통수를 한때 때려줘.
그렇게 살지 말라고. 지금 때리면 주먹에 힘도 없을 테니까."
"그래, 나중에 튼튼하게 힘을 길러서 제대로 한대 때려주자."
딱 초등학교 4학년다운 대답이었죠.
한참 웃었던 것 같아요.

아이들의 지혜는
부모가 생각하는 것보다 훨씬 깊이 있을 때가 있습니다.
그러고 보면 이미 사회 안에 속해 사는 부모들은
뭐가 정말로 중요한 건지를 잊고 사는지도 모릅니다.

때때로 질문을 받습니다.
"상담자는 힘들 때 누구에게 상담을 받나요?"
물론, 슈퍼바이저도 있습니다만 전 아이들에게 묻습니다.
어떤 선택이 현명한지 말이죠.
그리고 한 번도 그들의 지혜에 놀라지 않은 적이 없습니다.

아이들을 믿고 삶에서 자기와 관련된 일의 선택은

스스로 할 수 있게 기회를 열어주세요.

자신이 만들어가는 삶 속에서만

나라는 존재의 소속감과 자존감을 스스로 체득할 수 있습니다.

8

얄밉고 괘씸해 미치겠어요

그렇게라도 해야만 했던 건 아닐까요?

아침마다 일어나라 전쟁입니다.

입을 옷이 없다며 여기저기 옷을 던져놓고 짜증을 내거나

아침 식탁에서 먼 산 바라보며 명상 아닌 명상을 하는 일은

그냥 일상이 되어 버린 것 같습니다.

언제부터 그랬나 싶게 말이 야무져지고,
날 선 목소리로 "내가 뭘?" 짧게 끊어낼 때면
내 아이 맞나 싶어 참 당황스럽습니다.
매번 믿고 지켜보려다가도
뻔한 거짓말, 눈에 보이는 핑계들을 듣고 나면
한편으론 괘씸하다 싶고, 한편으론 내 자신이 초라해집니다.
영악해서 그런 걸까요? 아이가 얄미운가요?

그렇게라도 해야만 했다고 생각해 보면 어떨까요?
햇볕이 환한 정원에서는 굳이 해를 찾아다니지 않는 것처럼
그냥은 관심을 받을 수 없고,
잘해서 관심받기도 불가능하다고 생각되면
속을 썩여서라도 부모의 심장에 새겨지길 바라기 때문입니다.

상담실에 들어오신 어머님이 답답한 마음에 하소연하더군요.
"재, 관심받고 싶어서 저러는 거예요. 괜히……."
맞습니다. 아이에게 관심은 정말 중요하거든요.
귀찮게 하고, 거짓말하고, 밉게 말하고, 저항하고…….
그렇게 해서라도 확인하려 합니다.
부모에게, 엄마에게 나는 여전히 소중한 사람이라는 것을요.

하루에 딱 1분만,

아니 30초만이라도 내 아이 그냥 보아 주세요.

공부 안 하는 아이, 게임만 하는 아이, 이렇게 말고요.

그냥 내 곁에 있는 한 사람,

나와 오랜 시간을 함께 살아갈 한 사람으로 지켜보아 주세요.

마치 당신이 처음 아기를 품에 안았던 그때처럼,

당신에게 아무런 부족함이 없었던 그 순간처럼요.

칭찬을 해주고 싶어요

칭찬보다 격려가 필요합니다

"칭찬은 고래도 춤추게 한다."

이 문장 안에 담긴 의도를 생각해 보신 적 있나요?

칭찬에는 안 되는 아이도 되게 하는,

보이지는 않지만 어쩐지 그 일을 또 하라는 듯한

강요가 들어 있습니다.

칭찬은 그만큼 성공을 바라는 언어입니다.

우리는 언제 칭찬을 할까요?
결과가 좋을 때입니다.
실패하면 칭찬하기 어렵거든요.

“넌 정말 머리가 똑똑하구나.”
“그림 정말 잘 그리네.”
“수학 실력이 정말 좋구나.”

이런 칭찬에는 다음에도 똑똑하고 멋지게 잘 해내길 바라는
마음이 들어 있습니다.
그럼 이 이야기를 듣는 아이는 어떨까요?
공부를 못하면, 그림을 망치면, 수학경시대회에서 떨어지면
지금의 칭찬은 다 소용이 없어져 버릴 거라 생각합니다.

칭찬보다 격려가 필요합니다.
칭찬이 갑이 을에게 통과나 패스를 선언하는 일이라면
격려는 함께 길을 걷는 동료로서 물 한잔을 건네는 일입니다.
함께 길을 걷다 힘들어 주저앉은 이에게 내미는 손길입니다.

“괜찮아, 애썼네, 고생했다, 힘들었겠다, 용기 잃지 마.”

격려는 결과와 상관없이 현재 처한 상황 그대로
그의 곁에 함께 머물며 기운을 차리도록 돕는 손길입니다.
아이에게 힘이 되고 위로가 되는 7가지 격려법을 소개합니다.

과거나 미래보다 지금 여기에 초점을 맞춰 이야기합니다.

"예전엔 이런 일을 잘 이겨냈잖아. 힘내!" (과거)
"넌 아마 착하고 성실한 사람이 될 거야." (미래)
"고민하는 걸 보니 잘 해결하고 싶구나. 기운 내!" (현재)

과거와 미래를 기준으로 하기보다
지금 상황에 대해 말하는 게 좋습니다.
과거나 미래의 일들로 말하는 건 근거가 미약하거든요.
예전에 잘했다고 지금 잘하라는 법도 없고,
미래의 일이야 알 수 없으니까요.
힘내라고 하는 말인 줄은 알지만 본인에겐 와 닿지 않습니다.
"그냥 엄마니까 하는 말이지 뭐……."
이렇게 흘려듣고 말죠.

구체적인 행동을 격려해 주세요.

"넌 정말 착한 아이야!"
"넌 성실하게 공부하는 아이잖아."
이처럼 추상적인 가치보다는 구체적인 행동을 격려하세요.
"엄마에게 편지 써줘 정말 고마워! 네 맘 알 것 같아."처럼.

'넌 정말 착해'라는 말, 속으로 부담스러워할 수 있습니다.
구체적인 행동을 보고 그에 대해 보여주는 긍정적인 반응이
아이들에겐 더 부담 없이 받아들여집니다.
사진 찍듯 있는 그대로의 모습에 관심을 가져 주세요.
더도 덜도 아닌 오늘을 살아가는 그에게 관심을 보여주세요.

잘못했다면 비난하지 말고 느낌을 말해 주세요.

"왜 이렇게 맨날 늦게까지 잠을 안 자? 내가 못 살아. 정말!"
오, 잠깐만요! 고정하시고요.
"엄마도 좀 쉬고 싶은데, 11시가 넘어도 잠을 안 자니
엄마가 정말 피곤해."

쉽지 않지만 한번쯤은 마음을 가다듬고 말해 보세요.
참고 참다 한꺼번에 몰아서 폭발하는 분노 말고요.
그 당시의 느낌을 그대로 전달하는 게 좋습니다.

또 분명히 약속된 일이라면 말로 표현하기보다는
친절하지만 단호하게 행동으로 중지시키는 게 낫습니다.
"얼른 차에 타라고!!"
크게 소리치지 마시고 시간을 보여주며
가만히 손을 잡고 데려와서 차에 태우는 게 좋습니다.

결과보다 과정을 격려해 주세요.

시험 점수보다 며칠 동안 보여준 노력을 격려해 주세요.
자전거를 잘 타게 되었다고 칭찬하는 것보다
몇 번을 넘어져도 일어나 다시 도전하는 모습을 말이죠.
뽑히지는 못했어도 오랜 시간 책을 뒤져 만든 과제물,
관심 있는 뭔가에 집중할 때의 그 모습을요.
과정의 한순간 한순간이 더 소중하고 빛나는 시간이니까요.

틀린 문제보다 맞힌 문제에 더 집중해 격려해 주세요.

어두운 방에서 더듬더듬 물건을 치우기 위해 애쓰기보다
방에 환한 등 하나를 켜주는 게 더 바람직하지 않을까요?
무엇을 틀렸는지, 어디를 고쳐야 하는지를 강조하기보다는
이번에는 어떤 강점을 보였는지,
어느 부분에서 힘을 발휘했는지에 더 집중해 격려해 주세요.
내가 잘하고 있다는 확신이 들면
스스로 더 잘하려 자신을 가다듬고
누가 지적하지 않아도 부족한 부분을 메꾸려 노력합니다.
아이의 강점을 찾아 환한 불빛을 비추어 주세요.

길이 보이면 더 제대로 뛰고 싶어지지만,
길이 보이지 않으면 가던 길도 힘이 빠져 주저앉게 됩니다.

외적 동기보다 내적 동기를 격려해 주세요.

누가 주는 칭찬 스티커나 보상받기 위해 하는 일보다
다른 사람을 위해 배려하는 일,

지적 호기심으로 배우는 일,
일을 온전히 하고자 노력하는 마음 등
내면에서 스스로 발현되는 마음의 움직임을 격려해 주세요.

아이들은 자신의 마음을 잘 몰라요.
하지만 주변 어른들이 자기의 마음을 알아주면
그깟 칭찬 스티커나 보상과는 비교도 안 되는
자기 스스로에 대한 믿음과 신뢰를 쌓아갑니다.
그리고 다음에 '더 잘해 보고 싶다.', '제대로 해보고 싶다.',
'나다운 사람이 돼야지.'와 같은 소중한 삶의 가치에
관심을 두게 됩니다.

존중받아야 하는 가치 있는 사람임을 일깨워 주세요.

부모 곁에서 함께 살아가고 있다는 것만으로도
아이는 충분한 격려와 지지를 받아야 합니다.
다른 어떤 이유나 과정 때문이 아니라
그저 그로서 이미 충분하니까요.

존중은 그가 어떤 사람이어서가 아니라
이 우주를 함께 살아가는 도반이기에
당연히 주어져야 하는 가치입니다.
모든 생명이 귀하고 가치 있게 존중받아야 하는 그만큼
아이의 존재를 존중해 주세요.
격려를 통해 아이에게 알려주고픈 게 바로 그것입니다.

격려를 어떻게 해야 하는지 여전히 궁금하고 어려우신가요?
격려(encourage)는 용기(courage)를 내도록 기운을 북돋아 주는 것이며,
심장(라틴어 어원 cor)을 건네는 일이라고 합니다.
부모가 심장을 걸고 아이를 진심으로 대하고 말한다면,
온 정성을 다해 마음으로 뜻을 전한다면,
소중히 여겨진 그 순간만으로도 충분한 위로와 용기가 됩니다.

혼자 잘 놀아 참 편해요

놀이 속 아이의 말을 듣고 계신가요?

놀이는 치유의 언어입니다.

장난감 가득한 놀이치료실에 들어가면

아이들은 재미있고 신나는 놀이에 시간 가는 줄 모릅니다.

신기한 인형들, 모래가 가득 든 상자,

소꿉 장난감들과 블록, 보드게임과 다트판…….

다양한 놀잇감들이 가득한 그곳이 아이들에겐 천국입니다.

그런 곳에서도 낯 가리고 머뭇거리는 친구들이 있지만,
그래도 아이들은 아이들입니다.
시간이 지나면 뭔가를 집어 들고 만지작거리기 시작하면서
굳이 먼저 말을 안 해도 혼자만의 상상여행을 시작합니다.

버릇없는 공주님이 왕자님을 혼내는 장면이 재현되기도 하고,
백설공주가 집이 무서워 마녀의 성에서 빌붙어 살기도 하며,
군대끼리 전쟁을 하거나 공룡이 마을을 급습할 때도 있습니다.
화산이 폭발하고, 쓰나미가 닥치며, 눈사태로 위험할 때
영웅이 나타나 구해도 줍니다.
그리고 그 많은 이야기들 속에는
아이들의 감정과 생각이 속속들이 녹아 있습니다.
일상에서 아이가 느꼈던 공포, 불안, 두려움들을
그 이야기 속에 풀어놓고 인형들이 경험하게 하면
마음을 온전히 표현하면서 심리적 안정감을 되찾게 됩니다.
놀이치료를 하는 목적이 바로 거기에 있습니다.

아이들은 공포, 불안, 두려움 등의 감정들을
대부분 가까운 어른들을 통해 경험합니다.
하지만 그렇다고 엄마와 아빠가 무서워 죽는 줄 알았다거나

선생님을 미워한다고 말하는 아이들은 없습니다.
마녀가 나타났다거나, 동네에 뱀이 돌아다니니
길을 조심해야 한다고 말하죠.
그게 더 안전한 상태에서
재미있게 자기의 불안을 표현하는 방법이니까요.
아이들은 그렇게 놀이를 통해
무의식중에 자신의 마음과 감정을 전합니다.
이야기하면서 자연스럽게 처한 상황을 이해해 보려고도 하고
스스로 새로운 해결책을 찾아보기도 하죠.

놀이는 무서운 감정들을 즐겁고 안전하게 만나 해결하는
가장 좋은 치유의 매개체입니다.

"내가 할 말이 많은 거야. 노는 게 아니라…… 치……."

아이가 놀고 있다면 옆에서 조용히 이야기를 들어보세요.
형식이 어떻든 그 안엔 아이의 마음이 깃들어 있으니까요.
가능하다면 더 나아가 아이에게 놀이를 배워보세요.
아이는 어른들의 참여를 무척이나 반기니까요.
당신은 인형들을 데리고 무슨 놀이를 하고 싶은가요?

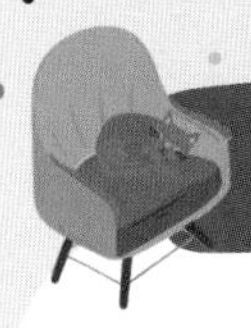

열등감, 우월성, 삶의 의미

사람은 누구나 태어나면서 열등감을 경험합니다. 아들러는 어린 시절 폐렴을 앓을 때 의사가 자신을 두고 곧 죽게 될 거라고 말했던 일을 이야기합니다. 그 경험을 통해 열등감을 느끼는 인간에 대해 공감하게 되었다고 하죠.

열등감을 느끼는 인간은 본능적으로 이 사회에 적응할 방법을 찾게 되고, 그럼으로써 자신의 우월감을 확보하려고 노력하게 됩니다. 그렇게 사회에서 소속감과 존중감을 얻을 수 있는 자신만의 목표를 갖게 되고, 그것이 그의 삶의 의미가 됩니다. 그리고 우정, 사랑, 직업 등 다양한 삶의 공간에서 자신의 우월성을 추구하며, 온전한 존재로 인정받기 위한 의미를 찾아가게 되죠.

아들러는 아이가 건강하게 성장하려면 공동체에 대해 관심을 갖고 그 발전에 협력하는 방향으로 삶의 의미를 찾아 우월성을 추구하도록 지도해야 한다고 강조합니다.

두 번째 시간 체크 리스트

아이 마음 만나기

아이를 바라보는 부모의 시선은 자녀가 자아상을 형성하는 데 큰 영향을 미칩니다. 평소에 어떤 시선으로 아이를 바라보는지 잘 관찰해 보세요. '혹시 어디 다치는 건 아닐까?', '학교에서 친구들하고 무슨 문제가 생긴 건 아닐까?' 등 그 시선에 불안과 걱정이 가득하면 아이도 자기 자신을 의심하고 두려워하게 됩니다.

아들러는 딸에게 졸업을 축하하며 이렇게 축복의 편지를 씁니다.

"이제 너는 완전히 자유니까 너만의 방식으로 너의 삶을 만들어가야 해. 더 이상 너를 제한하는 규칙이나 규제는 없단다. 네가 따라가고픈 가치 있는 수많은 길이 있을 뿐이야. 알겠지만 네가 무슨 일을 할지 선택하는 것이 중요한 게 아니란다. 다만, 네가 선택한 일을 어떻게 할지, 네가 도달하고픈 꿈이 어느 정도인지가 중요하지. 네 꿈을 이루어 나가는 길에서 현실을 회피하기 위해 이상을 변명거리로 만들지 않도록 주의하렴."

부모가 자녀에 대해 아름다운 시선으로 매 순간 기원을 보내는 것은 다른 어떤 훈육보다 중요합니다. 좋은 원석도 알아보는 사람이 없으면 한낱 돌멩이에 지나지 않습니다. 모든 존재는 저마다의 아름다운 빛을 지니고 태어납니다. 그것을 알아보고 격려해 주는 시선! 자녀의 마음 앞에 서 있을 때 가장 먼저 갖추어야 할 부모의 중요한 태도입니다.

아이 마음을 만나는 첫 번째 방법

아이와 가장 행복했던 순간

아이와의 추억 중 가장 행복했던 순간을 그림으로 표현해 보세요.

해보기

아이와 가장 행복했던 순간

아이와의 추억 중 가장 행복했던 순간을 그림으로 표현해 보세요.

아이 마음을 만나는 두 번째 방법

아이에게 보내는 축복

그림 속의 내용을 글로 표현해 보세요.

딸아이가 어렸을 때 유치원에서 돌아오는 길이든, 산책을 할 때나 마당에서 놀 때 틈틈이 여기저기에서 피어나는 작은 풀들을 유심히 보다 작은 꽃다발을 만들어 "엄마, 선물이야."하고 전해 주는 일이 많았습니다. 길에 핀 작은 풀꽃들을 좋아하고 신기해하고 예뻐하는 모습이 눈앞에 선하네요. 소중하게 고사리 손에 담아오던 모습이 행복했습니다.

오늘이 생애 마지막 날이라고 상상해 보세요. 당신은 이제 홀로 살아갈 자녀에게 마지막 편지를 쓸 수 있습니다. 평소에 전하지 못했던 소중한 바람과 축복을 남겨 주세요.

딸에게.

우리가 참 많은 시간을 같이 보냈지? 때론 갈등이 깊을 때도 있었지만 그런 때에도 어느 순간부터 넌 사람들을 배려하려고 노력했었어. 그게 늘 고마웠다.

언제나 네가 지혜로운 사람이 되길 기도했어. 세상은 때때로 널 서운하게 할 수도 있겠지만 그런 속에서도 지혜롭게 사는 법을 알아 자신만의 행복을 살아가길 바랐지. 그래서 네가 어렸을 때 내게 주곤 했던 선물이 내게도 특별한 것 같아.

길에 피어 있는 온갖 작은 풀꽃들. 다른 사람들이 무심히 넘어가는 것에도 애정을 보이고 그 가치를 알고 있었던 너. 일상에서 일어나는 작고 소소한 것들 속에서도 보석처럼 아름다움을 발견할 수 있는 너의 지혜가 어렸을 때부터 날 감동시키곤 했단다.

언제나 네게 소소한 행복들이 발견되길, 어떤 길을 걸어가든 네 주변에 일어나는 일들이 주는 아름다운 지혜를 함께 발견하게 되길 기원해. 함께 지냈던 모든 순간에 감사드린다.

사랑하는 엄마가.

해보기

아이에게 보내는 축복

그림 속의 내용을 글로 표현해 보세요.

오늘이 생애 마지막 날이라고 상상해 보세요. 당신은 이제 홀로 살아갈 자녀에게 마지막 편지를 쓸 수 있습니다. 평소에 전하지 못했던 소중한 바람과 축복을 남겨 주세요.

엄마 마음 공부 세 번째 시간

마음과 마음 사이에 서서

분명, 아이는 나를 거절할 수 있습니다.

부모는 이미 아이들의 많은 제안을 거절하고 있죠.

그렇다고 사랑하지 않는 건 아닐 겁니다.

거절이 하나의 의견으로 받아들여진다면

부모도 좀 더 솔직하게 거절을 표현할 수 있습니다.

11

뭔가 무시당하는 기분이에요

의견을 말했다가 아이에게 거절당하셨나요?

가장 중요한 의사소통 키워드를 둘 정도 꼽으라면

첫 번째는 격려, 두 번째는 가족회의입니다.

앞에서 말한 이 두 가지 소통방식은

끊임없는 연습과 실패를 거듭하며 조금씩 발전합니다.

생활 속에서 이를 실천하려 노력하면서

무엇이 가장 어려웠나 돌아보면

저는 아이의 거절을 긍정적으로 받아들이는 일이었습니다.

충분히 생각하고 기다리다 조심스럽게 말했는데,

아이 반응이 좋지 않거나 "그건 별론데"라는 말을 들으면

어쩔 수 없이 마음이 상하거든요.

또 예의가 없다고 느낄 때도, 화가 날 때도 있었습니다.

어려서부터 오랫동안

'부모에게 순종하라'를 마음속에 새기고 살아왔으니까요.

하지만 그렇지 않았더라도 화가 나는 건 마찬가지였을 겁니다.

거실에서 잘 놀던 두 아이가 뭔가 쑥덕쑥덕하더니

큰애 방으로 가더군요.

그리고 둘째가 말했습니다.

"엄마 이것 봐. 작년에 내가 만든 액괸데, 아직도 살아있어."

아시겠지만 액괴는 '액체 괴물'의 준말로

아이들이 풀과 뭔가를 섞어 만든 색깔 들어간 젤리 장난감입니다.

별 관심은 없었지만

"그래?" 하고 말하면서 아이 방으로 향했습니다.

그런데 둘째가 문 앞에 서서

"누나, 들어가도 돼?"라며 묻는 게 아니겠어요?

분명 둘이서 같이 가보자고 한 것 같은데,

누나가 "들어와."라고 말할 때까지 방문 앞에 서 있더라고요.

생각지도 못했던 재미있는 상황이었죠.

큰애에게 물었습니다.

"네 방에 들어오려면 동생도 허락을 받아야 해?"

"응, 우리끼리 정한 규칙이야. 나도 재 방 들어갈 때 허락을 받아야 해. 나가라면 나가야 하고."

"누나도 내 방에 들어올 때 허락받아. 우리끼리 정했어."

제가 모르는 사이 둘만의 규칙을 정했던 거예요.

"엄마도 할래? 엄마 방도 허락받고 들어갈까?"

"어, 제발 좀 그래 줄래?"

두 아이가 곰곰이 생각하더니 말하더군요.

"그건 싫어! 엄마 방은 우리 아지트거든!"

뭐, 그렇지……. 그럴 줄 알았습니다.

애들은 액괴가 1년이나 풀어지지 않고 살아있다며

신기해하면서 좋아하더라고요.

뭐가 그리 좋은지 전 잘 모르겠던데…….

부모가 아이들의 장난감에 진심으로 동화되기는

아무래도 어려운가 봅니다.

아이들끼리 서로의 방에 들어갈 때 허락을 구하고
거절하면 들어올 수 없으며 나가라면 나가야 한다는 규칙!
이런 규칙을 만들고 지켜가는 과정들이 반복되면
어른들에게도 자신들만의 규칙들을 제안하고 만들곤 합니다.

그렇게 규칙들을 만들어가는 과정에서
아이들이 서로가 자신의 권리를 위해
거절을 의사소통으로 사용하는 건 아주 중요합니다.
거절과 반대가 허용되지 않는 곳에서는
다양한 의견이 나올 수 없을 뿐만 아니라
어쩌면 입조차 떼지 못할 수도 있으니까요.

아이가 내 말을 거절할 때 어떤 느낌이 드시나요?
나를 무시한다, 버릇없다, 철이 없다고 생각되어 화가 난다면
다르게 한번 생각해 보세요.
아이가 나와는 다른 의견을 가지고 있거나
내 말에 동의하지 않는다는 건
어쩌면 내 생각과 다른 다양한 의견을 듣는 기회이자
새로운 아이디어를 만나는 좋은 기회라고요.

동의하고 수용하는 것처럼
동의하지 않고 거절하는 것도 또 다른 하나의 의견입니다.
'거절한다는 건 색깔이 다른 타인이 내 앞에 있다는 뜻일 뿐,
나를 배척하거나 무시하거나 싫어하는 게 아니다.'
이런 생각의 전환이 필요합니다.

말이 쉽지 일상에서 경험하게 되면
한숨만 푹푹 나오는 게 현실이긴 하죠.
하지만 그게 생활이 되면
살아가는 동안 아이들은 자신과 의견을 달리하는 사람들에게
나쁜 감정이나 소외감을 느끼지 않고,
무시당했다고 서러워하지 않으며,
나와는 다른 의견을 가진 사람으로 그를 이해하게 됩니다.

분명, 아이는 나를 거절할 수 있습니다.
부모는 이미 아이들의 많은 제안을 거절하고 있죠.
그렇다고 사랑하지 않는 건 아닐 겁니다.
거절이 하나의 의견으로 받아들여진다면
부모도 좀 더 솔직하게 거절을 표현할 수 있습니다.

"사랑한다! 하지만 난 너의 그 말엔 동의하지 않아."

서로가 서로에게 친절하게 거절할 수 있다는 것,
새로운 관계의 시작입니다.

12

떼를 쓰면 소리치고 싶어요

단호하더라도 친절해야 합니다

아이의 눈망울이 초롱초롱합니다.

"엄마~ 나 좀 봐봐…… 엄마~~!"

처음엔 귀엽고 예쁘게 봐주지만,

바쁠 때도 자기만 봐 달라는 끊임없는 재촉에는

곱게 응하기가 어렵습니다.

"잠깐만, 나중에!"

그래도 재촉을 멈추지 않으면 어떻게 하시나요?

"내가 나중에라고 말했지!"

소리치지는 않으시나요?

아이는 속상해서 울고,

우는 아이를 보며 또 잔소리를 늘어놓고,

그러고는 짠하고 미안한 마음에 다시 잘해 주면서

엄마도 너무 바쁠 때는 어쩔 수가 없다며 사정을 하죠.

그럼에도 아이는 이미 상처를 받은 것 같고,

나는 챙겨주지는 못할망정

혼만 내는 나쁜 엄마가 된 것 같아 속이 상합니다.

고민스럽죠.

어떻게 해야 할까요? 언제까지 친절해야 할까요?

주위에선 자꾸 받아주면 아이의 버릇이 나빠진다고 하는데,

엄하게 혼내고 상처받든 말든 내버려 두어야 할까요?

아이의 요구를 받아줄 수 있는지 판단해야 합니다.

먼저 내 상황을 명확히 인지하는 데서부터 시작해야 합니다.
할 일은 태산인데 아이의 요청도 급합니다. 판단해야 하죠.
이럴 땐 매번 아이의 요청을 거절해야 할까요? 아닙니다.
아이가 아무것도 아닌 일로 계속 보챌 수도 있지만,
급한 사정이 있을 수도 있거든요.
이것저것 따져보고 아이의 요구에 응할 수 있는 상황이라면
아무리 일이 많아도 내려놓기를 선택해야 합니다.

그러면 반대로 한번 가정해 볼까요?
빨리 처리해야 할 일이 있는데 아이의 요청은 급하지 않은
자주 있는 일상의 관심사인 경우로 말입니다.
그렇다면 나는 지금
아이 요구를 받아줄 수 없다는 것부터 인지하고 거절해야 합니다.

거절에도 예의를 갖추어야 합니다.

거절하되 친절하고 안정적이며 흔들림이 없어야 합니다.

아이와 눈높이를 맞춰야 합니다.

아니면 혼내는 것 같으니까요.

바빠도 시선을 마주하고 진심을 다해 상황을 설명해야 합니다.

가능하면 구체적으로요.

"앞으로 30분 안에 엄마는 이 일을 끝내야 하고,

언니 학원 선생님과 통화를 해야 해서

지금은 너와 놀아주기가 어려워."

길게 설명하진 않아도 정말 상황이 여의치 않기 때문에

협조가 필요하다는 점을 아이에게 강조해 주세요.

대부분은 아이들이 알아듣고 물러섭니다.

그동안 할 수 있는 놀이를 알려주면서 도움을 구해도 됩니다.

"잠깐만!"

"조금만 있다가!"

뒤돌아선 채 쳐다보지도 않으면서 말만 하지 마세요.

반드시 시선을 마주하고

진지하되 도움을 청하는 식으로 대화를 나눠야 합니다.

어른들의 약속은 신뢰로 보여줘야 합니다.

약속대로 아이가 잘 기다려 주었다면
30분 후에는 못 했던 대화를 꼭 이어나가야 합니다.
그리고 30분을 잘 기다려 준 것에 대해,
엄마를 도와준 행위에 대해 진심으로 격려해 주세요.

"아직 안 됐어. 미안, 좀 더 기다려!"
이건 아닙니다.
30분이 지나서도 일이 안 끝났다면 양해를 구해야 합니다.
"어쩌지. 일이 다 안 끝났는데, 10분만 더 기다려 줄 수 있어?"
안 된다고 하면 잠깐이라도 시간을 내야 합니다.

어른들은 말을 그때그때 바꾸고 약속을 지키지 않으면서도
어쩔 수 없이 그러는 거라고 생각할 때가 종종 있습니다.
아이에게는 조금의 핑계조차 허용하지 않으면서요.

그러면 아이들도 어른의 말을 의심하게 됩니다.
평소에도 나와 아이와의 약속은 서로 믿을 수 있어야 합니다.
지킬 수 없을 때는 꼭 사정을 설명하고

당황하지 않도록 배려해 주세요.

그래도 아이가 아랑곳하지 않고 떼를 쓰면요?

혼내야 할까요? 역시 아닙니다.
충분히 설명했다면 30분은 아이의 요구에 응하지 마세요.
엄마가 간곡히 부탁을 했는데도
떼를 쓰거나, 소리를 지르거나, 울면 정말 당황스럽습니다만,
그렇게 무조건 정신적, 육체적인 물리력을 행사하는 행위는
존중이 아님을 경험하게 해주어야 합니다.
소리 지르면 부모의 약속도 깨뜨릴 수 있다는 걸 경험하면
어른들과의 약속은 말뿐이며
자기가 필요하면 무리해서 선을 넘어도 된다고
알려주는 것이나 마찬가지기 때문입니다.
'울더라도, 30분은 맘 편히 울게 내버려 두자.'
이렇게 마음먹고 울게 두세요.

그렇더라도 약속된 시간이 되면
약속대로 다시 만난다는 걸 경험하게 해주셔야 합니다.

아이는 속상하면 울 수 있습니다. 그건 어른도 마찬가지죠.
30분 후에 "정말로 속상했구나. 많이 울었어?"라면서
꼬옥 안으며 말해 주세요.
"사랑한단다. 하지만 안 되는 건 안 되는 거야."

친절하되 원칙은 흔들림 없고 안정적이어야 합니다.
규칙이 고정불변이어서는 안 되지만,
부모와 아이 간에 정해진 약속을 지킨다는 건
서로의 관계를 존중하는 데 있어 가장 중요한 일입니다.

약속이 신뢰를 가지려면 부모 말에도 트릭이 없어야 합니다.
진심으로 지금의 사정을 알리고 도움을 요청하세요.

그리고 아이가 약속을 지키면 감사의 인사를 잊지 마세요.
그럼에도 선을 넘는다면
그 시간 동안은 어떤 일이 일어나도 함께할 수 없다는
슬픈 현실을 아이가 경험토록 해야 합니다.
엄마 말대로 30분 지나면 만날 수 있다는 걸 확신하게 되면
뭘 하며 기다릴지 생각하게 될 겁니다.

잘못을 야단치기보다 노력을 격려해 주세요.

"그것도 못 기다려! 고작 30분인데! 너를 정말 어쩌면 좋니!"
그러지 마세요.
말해서 아시겠지만,
엄마가 바쁠 땐 혼나는 것도 관심받는 일이거든요.

"아직 30분이 안 됐고, 엄마는 지금 엄마 일을 해야 해.
사랑하지만 지금은 아니야. 기다려줘."
사실을 그대로 알려 주세요. 시간은 지키는 게 중요합니다.
그리고 나중에 말해 주세요.
"그래도 우리 아들(딸)이 15분은 기다려줬구나.
고마워! 다음번에 이런 일이 또 생기면
서로 어떻게 하는 게 좋을지 같이 생각해 보자."

원칙은 단호하되 행동은 친절해야 합니다.
이 묘한 원리는 자꾸 해봐야 자연스럽게 생활에 적용됩니다.
창밖의 나무를 보세요.
나뭇잎 하나하나는 가벼운 바람에도 살랑살랑 흔들리지만,
그 뿌리는 땅속 깊이 내려 든든하고 안정적이잖아요.

말과 행동은 친절하되
약속이 그때그때 뿌리째 뽑혀서는 안 됩니다.

서로 의견을 나눠 합의된 것이기에 존중되어야 하는 약속처럼
반대로 아이의 일방적이고도 무모한 주장을 거절하는 행위도
관계를 존중하고 진심을 전하는 과정이므로 친절해야 합니다.
안정적으로 흔들림 없이!

어려우실 거예요. 그래도 한번 해보시겠어요?
처음엔 다 실패합니다.
그러다 조금씩 조금씩 어느새 익숙해지죠.
세상에서 배우는 모든 일이 그러하듯이요.

파이팅! 힘내세요!

13

아이들과 그 찌겨운 회의를 하라고요?

소통과 배려와 협력이 즐거워집니다

집에서 아이들과 회의를 하라고요?

생각만 해도 골치가 아프시죠?
힘의 논리가 아닌 서로의 가치관을 존중하고,
서로 인정하며 협력하는 사회를 위한 가장 중요한 훈련은
회의를 통해 규칙을 정하고 합의하는 것에서부터 시작됩니다.

다양한 의견을 얘기함으로써 모두가 억울하지 않고
만족할 수 있는 대안을 마련하는 행위니까요.

컴퓨터 사용시간에 대해 회의하자고 하면 합의가 될까요?

아직 안 해보셨군요?
아이들에게 사용시간을 결정할 권한을 넘겨주면
아이들은 때때로
무척이나 비현실적일 정도로 모범답안을 내놓습니다.
문제집을 다 풀어놓겠다거나 방 청소를 미리 해놓겠다는 등
평소라면 지키지도 못할 것 같은 약속들을 진지하게 하죠.
무엇보다 자기 의견에 관심 가져 주는 것 자체에 감동합니다.

'내 생각을 존중해 준다.'
'나에게 의견을 말하고 선택할 권한이 주어진다.'

그렇게 되면 아이들은 어떤 선택을 할까요?
부모와 심각한 갈등을 겪는 상황이 아니라면
자신을 위해 합리적인 선택을 하려 애를 씁니다.

쉽게 지킬 수 있는 규칙들을 걸고
큰 욕심 부리지 말고 작심삼일, 일주일만 해보세요.

그게 며칠이나 가겠어요? 해보나 마나예요.

규칙을 잘 만들고 잘 지키는 게 중요한 게 아닙니다.
규칙이 깨지면 다시 현실적으로 수정하면 되니까요.
규칙은 그렇게 변화해 나가기 마련입니다.
개인적인 경험을 얘기하면
규칙을 가장 못 지키는 건 어른들이더군요.
저도 그랬습니다.

아이들과 여행을 가기로 하고
다 쓴 페인트 통에 떠도는 동전과 매달 3천 원씩을 모으기로
아이들과 규칙을 정한 적이 있습니다.
하다 보니 어느새
엄마가 제일 안 지킨다며 채무 독촉(?)을 받고 있었죠.
아이들보다 제가 더 규칙을 지키지 않았던 겁니다.

시간 걸리고 뻔한 일로 다툴 텐데 왜 그렇게 해야 하나요?

"시간도 많이 걸리는 데다 너무 비효율적일 게 뻔하잖아요."
"결국엔 다 나보고 알아서 하라고 할걸요."

갑과 을의 갑질 문화는 어디에서 비롯되는 걸까요?
권력자가 결정하고, 권력 없는 사람들이 따라가는 갑을 문화,
어쩌면 가정에서부터 일어나고 있는 건 아닐까요?

부모는 권력자가 아니라 진행자(MC)가 되어야 합니다.
아이들이 몰입하는 수많은 게임들을 관찰해 보면
그것에서 아이들이 누리는 즐거움은
일정한 규칙 속에서 자기만의 게임이나 아이템을 선택하고,
그 선택에 책임을 지는 자율성에 있음을 알 수 있습니다.

부모가 정하면 빠를 뿐만 아니라 성공확률도 높겠죠.
하지만 모든 일이 그렇게 처리된다면
아이들은 삶에서 자신의 생각에 의지하기보다
(사회적으로 권력을 쥔) 누군가의 지시만을 기다릴 겁니다.
그리고 자신의 의지를 표현해 보지 못한 아쉬움에

잘못된 일에 책임은 지지 않고 세상을 탓할 가능성이 큽니다.

가족회의는 자기 의견을 공동체에 표현하는 훈련이자
협의를 통해 서로를 인정하는 중요한 배움의 기회입니다.

뭐하러 이런 걸 하냐면서 회의가 재미없대요.

재미있는 주제로 시작하세요.
'외식, 휴가, 놀이, 장 보러 가서 물건 찾아오기 등.'
회의는 지루하지 않고 즐겁고 가벼워야 합니다.
만약, 강렬한 대립이 일어난다면 그만하고 다음에 하세요.
의견이 갈리는 일에 대해
서로 생각을 표현하고 솔직한 이야기를 나누는
그 자체로 충분한 의미가 있으니까요.

회의를 하는 게 정말 아이들에게 도움이 되나요?

의견이 다를 때 힘으로 눌러 결정하거나 수긍해 버리지 말고 서로 다른 다양한 아이디어를 생각해 보게 하세요.
의견을 말하고 설득하는 과정을 가족들에게 지지받게 되면
공동체의 일원이라는 소속감과
규칙에 동의한 사람으로서의 책임감을 갖게 됩니다.
부모가 아이의 의견에 귀를 기울이면
말 못 하고 혼자 끙끙대며 속상해하기보다
함께 해결해 보자며 자기 고민을 먼저 얘기할 수도 있습니다.

그렇게 규칙들이 다듬어지고 부드러워져 일상의 흐름이 되면
매일 싸우면서 반목하던 일들이 규칙에 따라 진행되면서
가정도 아이도 안정감을 찾게 됩니다.

제가 하고 싶다고 되는 게 아니에요.

“남편이 버럭 소리를 지르며 ‘이렇게 해!’ 하고 끝내는데
무슨 회의가 되겠어요?”
이렇게 말씀하시는 어머님들도 많은 게 사실입니다.
하지만 부모에겐 가정의 형편에 따라
문화를 만들어갈 책임이 있습니다.

많은 부분이 한꺼번에 변화하길 기대하기보다
가능한 일부터 한 번의 질문으로 시작해 보세요.
꼭 모여서 의사봉을 두드려야만 회의가 되는 건 아니니까요.

"나는 이거 이렇게 해보고 싶은데 네 생각은 어때?"
아이에게 이런 식으로 물어보는 것부터 시작하세요.
그리고 진지하게 듣고 의견을 인정해 주세요.
동의하지 않아도 안건으로 받아들여 주고
"네 생각을 말해 줘 고마워!"라며 진솔한 의견 표현에 대해
긍정적으로 반응해 주는 것으로 시작하면 됩니다.

지금의 부모님들은 대부분
비민주적인 가정문화 속에서 살아왔을 거예요.
민주적인 방법으로, 협력으로 문제를 해결해 나가기를
생활에서 경험해 본 적이 별로 없죠.
부모나 아이나 모두 초보인 겁니다.
그러니 존중감을 가지고 한번 물어봐 주세요.
"네 의견은 어때?"

앞서도 말했지만,

아이가 이렇게까지 생각이 깊었나 놀라실 수도 있습니다.
"언제 내게 물어보기나 했어?"라며 짜증 내는 아이들을 보면
아이가 자신의 의견을 말할 기회 자체를
배려하지 않을 때가 많다는 걸 깨닫게 됩니다.
결과를 기대하지 말고 나의 한마디를 바꿔 보세요.

"넌 어떻게 생각해?"
"난 네 생각이 궁금한걸?"
"이걸 어떻게 하면 좋을까?"

아주 작은 변화만으로도 충분합니다.
아이들이 감동하는 건 현란한 말 기술 때문이 아니라
내 의견에 관심을 보이는 부모의 마음에 있습니다.

'어린이날, 생일, 크리스마스, 가족여행…….'
어떻게 보낼지 아이들에게 물어봐 주시겠어요?
엉뚱하고 번뜩이는 아이디어에 아마 놀라실걸요.

14

아이를 지켜주고 싶어요

아이에게 꼭 필요한 4가지 선물

사회적인 동물인 사람은 혼자 존재할 수 없습니다.
혼자라는 말도 사실 사회가 있음을 전제로 하는 말이죠.
우리는 공동체와 타인과의 관계 안에서 자신을 인식합니다.
어른이 되면 자신에 대한 독립적인 자아관을 갖게 되지만,
이 또한 어린 시절 주변으로부터 받은 반응에서 형성됩니다.
게다가 아이들은 특별히 주변 사람들과의 관계에서

지대한 영향을 받으며 자신을 인식하게 되죠.

아이들이 큰 영향을 받는 이 시기나
세상에 나가 힘든 일을 겪게 될 때도
자신을 믿고 일어설 수 있게 만드는 보호 요인이 있습니다.
이 중요한 네 가지 보호 요인을 소개합니다.

소속감(Connect) : 당신은 우리와 함께 있습니다.

때때로 우린 일상이 바빠 주위 사람들을 못 챙길 때가 많죠.
여러 가지 결정을 순간적으로 처리하다 보면
아이들을 생각지 않고 하게 될 때도 있습니다.

"엄마, 어디 가는 거야?"
"응, 가보면 알아."

"엄마, 나 이거……."
"그걸 왜 못해! 다 커서는…… 언제까지 애처럼 그럴래?"

아주 소중한 존재임에도 알아차리지 못하면
아이의 입장을 놓쳐 버리기 쉽죠.
규칙을 정하거나 어떤 일에 참여할 때 배제되기도 하고,
때때로 아이가 오래 고민하고 전하는 말들이
"넌 아직 어려서 몰라."라며 무시되기도 합니다.

공동체에 소속된 존재임을 알게 되는 건
아이들에겐 아주 중요한 경험입니다.
의견을 물어봐 주세요.
그 의견에 동의하지 않을 때는 왜 그런지 설명해 주세요.
또 다른 의견이 있는지도 들어주세요.
어떤 일에 대해 부모와 의견을 나누는 것 자체로
소속감을 느끼니까요.

존중감(Count) : 당신은 소중한 존재입니다.

인간에게 주어지는 당연한 권리는
누구나 존중받아야 하는 존재라는 겁니다. 진리인 거죠.
갓 태어난 아기들을 바라보고 있노라면

존재의 소중함이라는 이 권리는
사람이라면 누구에게나 주어진 것임을 느낄 수 있습니다.

함부로 대해지지 않는 경험은 자신을 소중하게 돌보는 힘이자
타인을 소중하게 대하는 기본 바탕이 됩니다.
그래서 예부터 선현들은
아이를 대할 땐 부모도 예를 다해야 한다고 가르쳤죠.
아이들만 부모에게 예의를 갖추어야 하는 게 아닙니다.
일상에서 잘하고 못하는 것과는 상관없이
아이들도 당연히 누려야 하는 존엄성을 가졌으니까요.

무엇보다 먼저 부모 스스로 자신을 존중해 주세요.
아이들이 존중감을 배우는 첫 번째 방식은 따라 하는 겁니다.
그리고 그것은 가정에서 먼저 경험할 수 있어야 합니다.
부모라고 다 희생하는 모습을 보이는 건 좋지 않습니다.
부모가 스스로를 소중한 사람으로 대하지 않으면
자신을 소홀히 대하는 그 태도가 아이들에게도 전염됩니다.

나는 아무렇게나 대우받아서는 안 되는 사람이며,
서운함을 말하거나 의견을 표현하고 거절도 할 수 있는

존중받아야 할 존재라는 걸 부모가 먼저 알아야 합니다.
인생을 함부로 여기지 않고 삶을 소중히 여기는 부모는
그 존재만으로 아이에게 삶의 아름다움을 보여주는 거니까요.

경계를 지켜주세요.
부모라고 내 아이의 사생활을 마음대로 할 수는 없습니다.
아무 때나 방문을 열어보며 감시하는 짓,
핸드폰을 몰래 뒤지거나 일기장을 훔쳐보는 짓,
목욕할 때 또는 사적인 공간을 불시에 열어보는 짓 등
사회라면 마땅히 아이가 누려야 할 인권은
집에서도 부모로부터도 보호되어야 합니다.
물론, 부모의 공간도 당연히 존중되어야 하고요.

아이의 핸드폰을 뒤져서라도
꼭 알고 싶은 뭔가가 있다면 솔직히 부탁하세요.
그리고 먼저 동의를 구하세요.
몰래 훔쳐보고도 안 본 척하며 하는 거짓 대화는
관계를 해치며 서로를 의심하게 만들 뿐입니다.
내가 당하고 싶지 않은 일은 아이들도 당하기 싫어합니다.
자식 이전에 별개의 독립된 존재임을 인정할 뿐만 아니라 부모의 권한은 정직하고 진솔한 방식으로 행사해야 합니다.

때리지 마세요.
어떤 변명으로도 때릴 수밖에 없는 상황은 없습니다.
인정하기 싫겠지만, 부모로서의 준비가 부족한 겁니다.
폭력으로 갈등을 마무리하는 부모라면
긍정적이고 다양한 방식으로 풀어가는 훈련을 해야 합니다.
인간의 존엄성을 해치는 폭력은
자신과 아이를 비참하게 만드는 가장 비겁한 행위입니다.

사춘기가 오거나 중학교쯤 들어가면
부모의 의견에 종종 동의하지 않을 때가 있습니다.
아이에 대한 부모의 거절이 아이를 싫어하는 게 아닌 것처럼
부모의 말에 대한 아이의 이견은 의견일 뿐 반항이 아닙니다.
의견이 다를 땐 그 이유를 진지하게 들어주고 공감해 주세요.

"많이 속상하구나!. 엄마도 마음이 아파. 그래도 엄만 네가 이 일에 대해 다시 생각해야 한다고 생각해."
"아무리 마음에 안 들어도 그렇지. 엄마가 몇 번이나 말했는데도 안 들어!"

두 문장은 같은 말이지만,
존중이라는 기준에서 보면 전혀 다른 메시지를 보냅니다.

너를 이해하려고 노력하고 있으며,
부모에겐 아주 소중한 존재라는 걸 아이가 느끼게 해주세요.
같이 밥을 먹거나 길을 갈 때, 잠들기 전이나 아침에 일어나면
눈을 한번 마주치고 웃어주세요.
웃음 섞인 단순한 눈빛 한 번이 아이가 원하는 전부입니다.

효능감(Capable) : 능력 있는 사람으로 인식하게 합니다.

공동체의 일에 참여시켜 주세요.
아이들에게 집안일을 시키면 일이 더 많아질 때도 있고,
그냥 내가 하는 게 낫겠다 싶은 생각이 들기도 하겠지만,
아이가 할 수 있는 일이라면 할 수 있게 기회를 주세요.
가정 또는 학교 같은 공동체에 공헌하는 경험은
자신이 가진 능력을 깨닫게 해주는 일이니까요.
화분에 물을 주고, 강아지를 돌보고, 빨래를 널고 걷는 것,
할 수 있는 어떤 일이든 의논해서 나누고 하게 해주세요.

이만큼 자랐고, 이만큼은 책임질 수 있다는 걸 경험함으로써
나도 능력 있는 괜찮은 사람이며,
공동체를 위해 꼭 필요한 사람이라는 걸 인식하게 됩니다.

할 수 있는 일을 대신해 주지는 마세요.
당당한 일원이 되려면
자기가 선택한 일에 책임지는 게 아주 중요하니까요.
자기가 한 일에 마땅한 책임을 지는 건 성장의 기회입니다.
그 기회를 막지 마세요.

개성 있는 능력을 발휘해 본 경험은 아이에게 힘이 됩니다.
열심히 노력해 조금씩 성장하는 모습을 스스로 확인한다면
힘들더라도 참고 포기하지 않는 안정적인 사람이 될 테니까요.

용기(Courage) : 도전과 어려움을 받아들이는 힘입니다

별 의식 없이 아이의 실패를 비난할 때가 있습니다.
"거봐, 내 말이 맞잖아. 안 된다고 그랬지!"
실패를 경험한 아이에게 필요한 건 질책이 아니라 격려인데,

부모는 아이를 위로하거나 보듬기보다
또다시 실패하지나 않을까 하는 두려움에 엄격해지고 말죠.

아이가 어떤 책임을 져야 하는 일을 저질렀을 때,
힘들어도 본인이 감당할 수 있는 정도라면
부모님이 나서서 정리해 주지 마세요.
사과하고 책임지며 잘못된 행동을 스스로 고쳐나가는 것은
성숙하고도 아름다운 인간의 모습입니다.

또 책임을 회피하지 않고 충분히 사과하고 책임지는 행동을 했다면
멋진 사회인으로 성장하고 있다며 지지하고 격려해 주세요.
그것은 스스로를 신뢰하게 만드는 값진 배움의 과정입니다.
그 시간을 허락해 주세요.

소속감과 존중감, 공동체에 공헌할 수 있는 능력,
그리고 다시 일어나 도전할 수 있는 용기.
이 네 가지는 세상에서 번민하고 방황할 때
아이 스스로 자신의 존엄을 지키며 성장하는 보호 요인으로써
아이의 어린 시절에 꼭 경험하게 해주어야 할
부모가 줄 수 있는 가장 소중한 선물입니다.

4가지 보호 요인

Amy Lew와 Betty Lou Bettner를 중심으로 한 아들러 심리학 기반의 교육에서 강조되고 있는 네 가지 결정적 요인들(Crucial Cs)은 소속감(Connect), 존중감(Count), 효능감(Capable), 용기(Courage)로 자녀가 성장하는 데에 결정적인 영향을 미치는 요인들입니다.

소속감이란 사회 안에서 소외되지 않고 소속되어 있다는 심리적인 안정감을 가지는 것이며, 존중감은 소중한 존재로 중요한 역할을 하고 있다는 자신에 대한 존중감입니다. 효능감은 실제로 내가 성취해 가며 이루어낼 수 있다는 자신감을 갖게 하고, 용기는 문제를 해결해 나가려는 긍정적인 태도를 지니게 합니다.

이러한 보호 요인들은 성장하면서 부딪히는 도전과 어려움을 해결해 나가는 데 결정적인 역할을 하므로, 성장기에 이러한 정서적 자원을 느낄 수 있도록 깊은 관심을 기울여야 합니다.

15

난 왜 그때뿐일까요?

달라지려면 연습이 필요합니다

"부모 교육도 많이 받고, 좋은 대화법에 대해 이런저런 이야기도 자주 듣습니다. 효과도 좀 있죠. 근데 그때뿐이에요. 왜 그럴까요? 조금만 지나면 보기 싫었던 내 모습으로 다시 돌아와 버리거든요."

속이 상합니다. 왜 이 모양일까요?

아이 탓도 합니다.
변명 같지만, 아이도 그때뿐인 건 똑같습니다.

“사람은 변하지 않는 걸까요?”
“이런 노력이 무슨 소용이죠?”
“이렇게 쭉 아이랑 씨름하면서, 속상해하면서 살아야 하나요?”

이런 질문 많이 받습니다.
잘 모르고 있지만, 우리의 행동에는 많은 이유가 있습니다.
아주 작은 행동 하나하나에도 그렇게 해야만 했던,
살아오면서 쌓인 깊은 의미들이 담겨 있죠.

계단에서 구르는 바람에 뼈가 부러져 고생했던 사람은
다음에 계단을 내려갈 때 뛰어 내려가지 않죠. 당연합니다.
난간을 꼭 붙잡고 또다시 사고가 나지 않도록 조심하죠.
혹시라도 옆에서 누가 뛰어간다면
조심하라며 몇 번이나 붙잡고 잔소리를 할지도 모릅니다.
그런 나의 행동은 수많은 삶의 시행착오를 겪으면서
지금까지 나를 살게 해준 고마운 습관들입니다.

하지만 계단을 오르내릴 때마다 식은땀을 흘리며 긴장하거나
심지어 돌아서게 된다면 내 행동에 변화가 필요한 때입니다.
면면히 뜯어보고 이유를 알아본 후
더 나은 방법을 찾아 다시 훈련하는 과정이 없다면
예전 방식이 나오는 건 어쩌면 너무나 자연스러운 일입니다.
지금 너무 긴장해서 삶을 불편하게 하는 것들이 있다면
그 부분을 변화시키는 데에는 많은 시간과 공을 들여
내게 익숙해지도록 연습하는 시간이 필요합니다.

책 속에는 삶에 필요한 많은 답이 있습니다.
하지만 우리는 그 같은 답을 몰라 방황하는 게 아닙니다.
내 삶을 내가 원하는 대로 만들어가는 일은
지금 처한 삶의 실타래를 풀어내 방향을 다시 정하는 것으로
정말 큰 용기가 필요합니다.
자전거를 처음 배울 때처럼 말이죠.
잘 타는 분들이야 그거 별거 아니라고 말씀하시겠지만,
처음 자전거라는 물건을 끌고 공터에 나가 핸들을 잡으면
매 순간이 진땀, 공포, 불안, 걱정…… 그 자체잖아요.
그러다 천천히 조금씩 달라져 언젠가는 잘 타게 되는 거죠.
포기하지만 않는다면요!

배우자마자 자전거 여행을 떠날 수는 없지만
포기만 하지 않으면 언젠가는 멋진 여행을 꿈꿀 수 있는 것처럼
관계 속에서 바꾸고 싶은 내 삶의 습관도
포기하지 않고 아주 작은 변화부터 천천히 익혀나가면
조금씩 조금씩 변해 간다는 걸 알게 됩니다.

"이렇게나 노력하고 있는데 왜 난 이것밖에 안 되지?"
우리의 행동은 살기 위해 본능적으로 선택됐을 뿐만 아니라
그 선택으로 오랫동안 잘 살아왔기 때문에
변화를 염두에 두고 용기 내어 의도적으로 훈련하지 않으면
원래 잘 바뀌지 않습니다.
다시 돌아오는 게 오히려 자연스러운 거죠.

그러니 자책하지 마세요.
예전엔 아이를 심하게 혼내고도
나 자신을 돌아보는 시간을 아예 가지지 않았지만,
이제는 내 감정을 더 잘 다루지 못해 속상해하고 있다면
이미 변화하고 있는 거니까요.

누가 뭐라 해도, 형편없다며 스스로를 아무리 구박해도,

지금까지 나를 돌보고 살게 해준 고마운 습관들입니다.

그중 몇 가지만 조금 더 괜찮게 리모델링을 꿈꾸는 것뿐이죠.

그리고 포기하지만 않으면, 오래 지속하면, 변합니다.

조금씩 보이지 않게!

그것은 나 아닌 다른 인간으로가 아니라

진정한 나로 돌아가는 과정입니다.

세 번째 시간 체크 리스트

아이와의 특별한 시간 갖기

자녀의 어린 시절에 함께 하는 작은 추억들은 훗날에도 많은 힘이 됩니다. 돌이켜 보면 아주 대단한 일이 아니어도 괜찮습니다. 함께 장을 보는 것, 또는 잠잘 때 잠시 같이 놀아주는 일 등 관심을 가지고 서로에게 믿음을 쌓아가는 시간이면 충분합니다.

가족 모두가 같이하는 일도 좋지만, 특별히 엄마와 아이 또는 아빠와 아이 둘만이 관심을 가지고 함께 지내는 추억을 연습해 보세요. 어린아이들은 일주일에 한 번 이상, 청소년은 한 달이나 두 달에 한 번이어도 충분합니다.

특별한 시간은 부모가 자녀를 위해 내어주는 시간이기보다 부모도 아이와 함께 행복해지는 추억의 시간입니다. 사랑한다는 말도, 너를 소중하게 생각한다는 말도, 되돌아보면 따뜻했던 추억의 순간들도 자주 연습을 해야 자연스럽습니다.

당신을 행복하게 할 특별한 시간을 연습해 보세요.

Special time story

20 년 월 일 와 함께

두 분이 어떤 시간을 보내셨나요?

특별한 시간은 내게 어떤 느낌을 주었나요?

다음번엔 어떤 것들을 보완하고 싶은가요?

Special time story

20 년 월 일 와 함께

두 분이 어떤 시간을 보내셨나요?

____

____

____

특별한 시간은 내게 어떤 느낌을 주었나요?

____

____

____

다음번엔 어떤 것들을 보완하고 싶은가요?

____

____

____

Special time story

20 년 월 일 와 함께

두 분이 어떤 시간을 보내셨나요?

특별한 시간은 내게 어떤 느낌을 주었나요?

다음번엔 어떤 것들을 보완하고 싶은가요?

Special time story

20 년 월 일 와 함께

두 분이 어떤 시간을 보내셨나요?

특별한 시간은 내게 어떤 느낌을 주었나요?

다음번엔 어떤 것들을 보완하고 싶은가요?

Special time story

20 년 월 일 와 함께

두 분이 어떤 시간을 보내셨나요?

특별한 시간은 내게 어떤 느낌을 주었나요?

다음번엔 어떤 것들을 보완하고 싶은가요?

엄마 마음 공부 네 번째 시간

상처 난 마음 앞에 서서

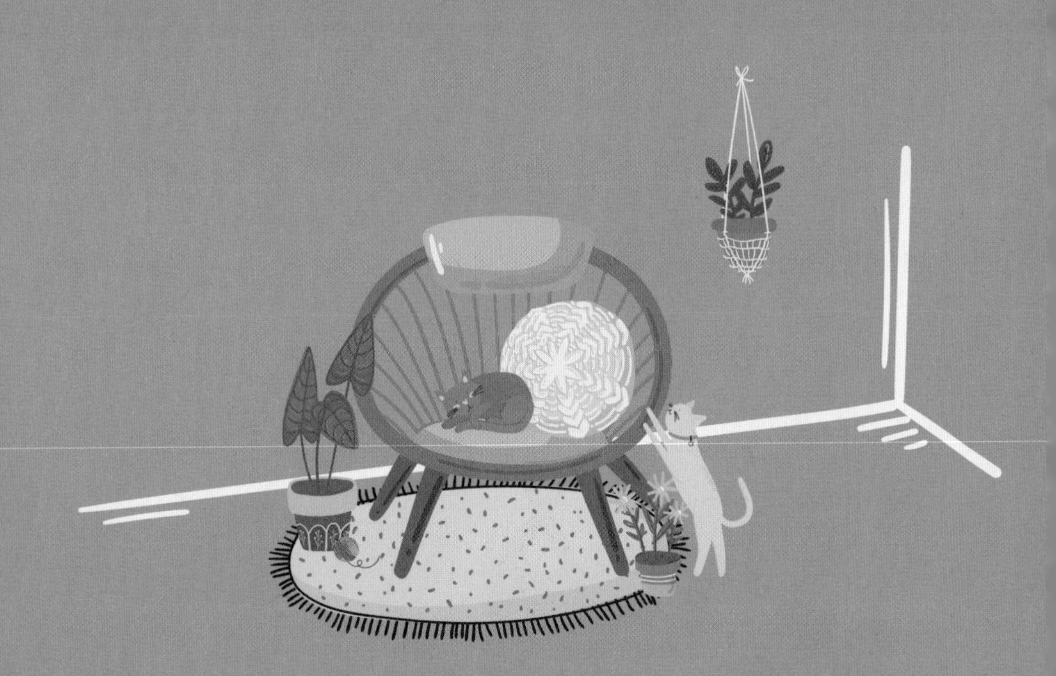

"그렇게 아팠을 줄 미처 생각하지 못했다."

라는 말 한마디,

아이의 마음을 이해하는 그 한마디가 중요합니다.

잘하고 못하고보다 아이가 그랬었다는 걸

알아주어야 합니다.

그러려면 부모님이 먼저 자기 마음을

잘 추스려야 하죠.

16

친구와 사이가 안 좋은 것 같아 고민이에요

갈등은 무조건 나쁜 거라고 생각하시진 않나요?

사람의 정서적인 건강의 기준은 공동체에 대한 선한 관심,
즉 '사회적 관심'을 지니고 있는지 없는지의 여부에 달렸다고
아들러는 이야기합니다.

성숙해진다는 건 나를 중심으로 하는 세상을 깨고

타인을 배려할 줄 아는 방향으로의 나아감이며,
'나'라는 울타리에서 벗어나
타인과 함께 사는 사회에 협력하고 공헌함으로써
자존감 높은 당당한 자아를 형성함을 의미합니다.

무엇이든 시작되면 아이들은 먼저 탐색전을 벌입니다.
그러다 시간이 지나면 본능적으로
중요한 사람이 되기 위해 관계 맺기를 시도하죠.
순간순간이 모두 그렇지만,
특히 초등학교 1학년이나 중학교 1학년 등
완전히 새로운 공동체를 경험해야만 하는 시기엔
부모님도 아이도 하루하루가 조심스럽습니다.

아이들은 낯선 질서, 낯선 공간, 새로운 선생님께 적응하고
그 안에서 자기 위치를 다지기 위해 다양한 시도를 합니다.
아무것도 하지 않는 것처럼 보여도
새로운 공동체에 적응하는 것만으로도 큰 에너지를 쓰죠.
그러니 특히, 집에서 따뜻한 돌봄으로 격려해 주셔야 합니다.

잘 지내다가도 4, 5월쯤 되면 크든 작든 갈등이 일어납니다.

그 갈등은 아이의 사회적인 활동이 시작되었다는 의미이자
작은 사회지만 인간관계를 배워가는 과정에 있다는 뜻입니다.

"개랑 놀지 마! 그 애랑 자꾸 엮여서 좋을 거 하나 없어."
"우리 애, 그 아이하고는 짝으로 앉히지 말아 주세요."
"걔 때문에 우리 아이가 너무 힘들어해요."
"전학 보내 주세요. 그 아이와는 같이 있게 할 수 없어요!"

혹여 이렇게 생각했거나 말씀하신 적은 없나요?
갈등은 관계를 배우는 좋은 기회입니다.
해결법을 찾아 고민하는 모습을 보는 게 즐겁지는 않겠지만,
관계를 배우면서 함께 성장하는 데는 꼭 필요한 과정입니다.

"해도 해도 너무한 아이가 있잖아요!"
있죠! 슬픈 현실이지만, 사회에 나와도 그런 사람들 많습니다.
해도 해도 너무한 사람들!
하지만 그들과도 관계 맺는 법을 익혀야 합니다.
얄미운 사람과의 사이에서도
서로의 권리를 지켜주고 존중하는 법을 배워야 하고,
징그럽게 싫어도 그의 인간적인 존엄을 지켜줄 수 있는

공동체의 일원으로서 존중과 배려를 갖추어야 하죠.

오로지 '내게 득이 되는지, 해가 되는지'라는
나만을 기준으로 한 폐쇄적인 시각에서 벗어나
나와 당신이 맺는 관계가 서로의 존엄을 해치지는 않는지,
각자의 영역을 존중하며 침해하지 않는지 살피는
넓은 관점을 가져야 합니다.
아들러는 서로 함께 만들어가는 공동체가 건강해지는 데에
나는 어떠한 공헌을 할 수 있는지를 생각할 줄 알아야
비로소 성장에 이를 수 있다고 말합니다.

아직은 배우거나 경험하지 못했지만
새롭게 시작하는 시간, 새롭게 시작하는 자기들의 세상에서
서로 달라도 존중받고 어울릴 수 있는 관계를 배워가도록
아이들을 안내해야 하는 책임이 부모에게 있습니다.

누구에게나 새로운 시작은 모험의 시간입니다.
복잡한 관계를 경험하고 돌아온 아이에게
공부 잘하고 왔냐며 다그치기 전에
한숨 돌릴 수 있는 따뜻한 둥지를 마련해 주세요.

상대를 이해하느라 고민하고 걱정하는 그 시간을
"애쓴다, 고생했다, 괜찮다"며 격려해 주세요.

아무런 경험이 없는 아이는
서로 달라도 존중받는 아름다운 관계를 만들어가야만 하는
개척자들입니다.
격려하고, 또 격려해 주세요.
배움과 성장은 그 모든 갈등에서 시작되는 거니까요.

사회적 관심은 아들러 심리학에서 개인이 얼마나 건강한가를 가늠하는 척도입니다. 사회적 관심이란 공동체의 이익을 위해 다른 사람과 협력하고, 일원으로서의 소속감을 갖고 책임을 나누는 감각을 말합니다.

이는 공감, 배려, 우정, 협력 등의 이타적인 행동으로 나타나게 되는데요. 사회에서 어떻게 하면 내가 경쟁에서 살아남을까를 고민하는 태도에서 한 걸음 벗어나 나의 능력으로 사회에 어떤 공헌을 할 수 있는지, 어떻게 해야 공동체 안에서 함께 성장할 수 있을지를 고민하며, 다른 사람과 협력하는 태도를 지니는 것입니다.

즉, 아이의 성장을 위해선 아이가 무엇을 잘못했는지를 지적하기보다 우리가 무엇을 함께 해결해야 더 행복할 수 있을까를 고민하는 방향으로 지도하는 것이 바람직하다는 뜻입니다.

17

가끔 이상한 짓을 해서 불안해요

아이도 불안하기 때문 아닐까요?

아이들에겐 관계가 불안하다고 느낄 때 보이는

몇 가지 특징들이 있는데,

그중 네 가지를 상황별로 짚어보겠습니다.

이런 일들로 자주 갈등을 경험하고 계실 테니까요.

관심 끌기 : "엄마 아빠, 나 여기 있어요. 알고 있나요?"

나타나는 현상은요.
부모 입장에선 좀 귀찮습니다. 그만 좀 했으면 좋겠다 싶죠.
뭘 자꾸 해달라고 조르거나 너무 안 하고 딴짓을 하니까요.
화를 내면서 "이제 그만해!" 소리치면 멈추긴 합니다.
물론, 조금 후엔 다시 시작할 수도 있지만 당장은 말을 듣죠.
울거나 슬퍼하면서도요.
부모는 짜증이 나는 한편 미안하기도 합니다.
충분히 못 해주는 것 같은 죄책감에 고민도 하게 되죠.

아이 입장에서는 엄마 아빠의 시선을 끌고 싶은 겁니다.
큰 사고를 쳐서 미움을 받을 정도의 관심까지는 원치 않지만,
부모가 혼을 내는 정도까지는 기꺼이 감수합니다.
떼를 쓰거나, 귀찮게 굴거나, 과도하게 애교를 떨기도 합니다.
어떤 때는 아프다고 엄살을 피우기도 하죠.
뭐가 됐든 밑바탕엔
자기를 알아주기 바라는 본심이 깔려 있습니다.

부모님은 좀 억울하실 겁니다.

"얼마나 귀찮게 하는데요. 하라는 대로 다 해주는데 뭐가 부족해서 그러는 건지……."

하지만 잘 관찰해 보세요.
아이는 자기 일을 하는 부모를 보며 가만히 있다가도
부모에게서 잊혀졌다 싶을 때면 과한 행동을 시작합니다.
그런데 자세히 살펴보면
매번 아이가 노력해야만 관심을 보이는 부모가 보일 겁니다.
그러니 아이로선 이 노력을 포기할 수가 없죠.

어떻게 해결해야 할까요?
관심받으려 과한 행동을 할 때 관심을 주지 말아야 합니다.
무리한 노력으로 얻어지는 관심은
한계가 있다는 걸 아이 스스로 경험해야 하죠.
아이가 보기엔 혼나는 것도 관심받는 일이자
자기가 소중하다는 걸 확인하는, 사랑받는 일입니다.

과도한 떼를 쓸 때는 관심을 보이지 않는 대신
아이로 하여금 긍정적으로 사랑받는
좋은 경험을 할 수 있도록 해야 합니다.

같이 산책을 하거나 특별한 시간을 만들어 놀아줌으로써
자신이 사랑받고 있으며 소중한 존재라고 스스로 믿게 될 때
무리한 관심 끌기 행동은 천천히 사라집니다.

힘 겨루기 : "엄마 아빠, 나도 함께하고 싶어요."

나타나는 현상은요.
부모 입장에서는 '한번 해보자는 거냐!' 싶습니다.
하지 말라고 해도 그냥 합니다. 어이가 없을 만큼…….
화도 나고, 왜 저러나 싶죠.
옷이 너무 얇다고 말해도 그냥 입고 나갑니다.
감기에 걸리는 한이 있더라도 의지를 굽히지 않죠.

때로는 혼내고, 때로는 어릅니다만,
듣는 척하다가도 결국엔 듣지 않고 자기 맘대로 합니다.
어느 한쪽으로도 쏠리지 않는 팽팽한 줄다리기를 하거나
영원히 만나지 못할 것만 같은 평행선을 걷는 것 같습니다.
또 부모를 무시하나 싶은 마음에 울컥하기도 하죠.

아이 입장에서는 자기 의견도 존중받고 싶은 겁니다.
자기 능력을 인정해 주길 바라는 거죠.
자기도 분명히 생각이 있는데 물어보지는 않고
엄마 아빠 마음대로 하는 것 같거든요.
초등학교 4학년쯤부터는 더 분명하게 나타납니다.
부모님께 대놓고 뭐라고는 안 하지만
속으로는 자기 마음을 몰라준다며 서운해하죠.
이미 자기의 의견을 표현할 수 있을 만큼 성장한 겁니다.

잘못된 버릇을 들이지 않으려면
아이가 자기 마음대로 뭔가를 하려 할 때
크게 혼내면 될 거라고 부모는 생각합니다.
아이와 힘을 겨루는 단계에서 싹을 자른다는 거죠.
하지만 그렇지 않습니다. 결국엔 부모가 지고 맙니다.

이길 수 없는 전쟁에선 협상하는 게 현명하다더군요.
정말로 원하는 게 뭔지 들어주고
부모가 무엇을 걱정하기 때문에 안 된다는 건지 알려주고,
그 안에서 서로가 만족하는 최선의 답을 찾아야 합니다.

보복하기 : "엄마 아빠, 내 상처를 좀 알아주세요."

나타나는 현상은요.

상처가 되는 말을 합니다.

"상관 마!"

처음엔 이 정도로 시작한다고나 할까요.

문을 닫아걸고는 대화를 하려 하지 않으며,

반항적인 행동을 하면서 부모 말에 조목조목 반박합니다.

정말 심하면 부모님께 욕을 하거나 폭력을 행사하는

위급한 상황이 나타나기도 하죠.

부모 입장에서는요.

정말 분노가 극에 달했다가 절망감에 휩싸입니다.

매를 들어야 하나 싶다가도

무슨 문제가 있나 싶어 고민도 하게 되고,

부모로서 뭘 해야 좋을지 몰라 자괴감이 들기도 합니다.

심지어는 내쫓아 버릴까 하는 극한 생각까지도 들죠.

그런데 아이 입장에서는 쌓인 게 많아서 그러는 겁니다.

자기가 함부로 여겨졌다고 생각되는 순간 등

그동안 억울하고 속상한 마음이 꼭꼭 들어앉아 있어서
말을 곱게 하기보다 차라리 상처를 주고 싶은 심정인 겁니다.
내가 상처받은 만큼
부모님도 아파봤으면 좋겠다는 복수심 같은 거죠.
사춘기에 종종 나타나 관계를 크게 악화시키기도 합니다.

공감이 필요합니다.
정말 하고 싶은 말들이 많은데,
어떻게 말해야 할지 모를 만큼 감정이 고조되어 있거든요.
아이의 이야기를 들어주고 마음을 이해함으로써
화해하는 과정이 필요합니다.

아무리 화가 났다 하더라도
어떻게 그렇게 부모에게 막할 수 있느냐 하시겠지만,
부부싸움을 생각해 보세요.
하고픈 말이 쌓이고 쌓이면 좋은 말이 나오지 않고,
그동안 서운했던 일이나 원망스러웠던 이야기로
대화를 시작하게 되잖아요.
듣고 또 들어주세요. 설령 오해라 해도
분명 아이에게 상처를 준 일이 있어 나타나는 현상이니까요.

하지만 무조건 잘못했다, 미안하다 하지는 마세요.
작심하고 말하려는데 미안하다고 하면
아이는 속상했던 말을 더는 하지 않은 채
"됐어!" 이러면서 문을 닫아 버립니다.
속상한 마음이 말로 드러나고 소통되는 게 중요한 만큼
하고 싶은 말들을 충분히 할 수 있도록 들어주어야 합니다.

아이가 부모를 원망하는 듯한 이야기를 할 때
다시 거친 말로 몰아붙이지 않고 차분히 듣는 일은
정말 쉽지 않습니다.
그래도 회복을 원하신다면 보복하지 마세요.
너무나 속상해서 하는 말이라 여겨주세요.
그러면 분명히 아이도 나중에 자기 행동을 후회합니다.

그리고 공감!
"그렇게 아팠을 줄 미처 생각하지 못했다."라는 말 한마디,
아이의 마음을 이해하는 그 한마디가 중요합니다.
잘하고 못하고보다 아이가 그랬었다는 걸 알아주어야 합니다.
그러려면 부모님이 먼저 자기 마음을 잘 추스려야 하죠.

부모와 자녀 간의 갈등이 심각해서
도저히 대화가 불가능한 상황이라면
심리상담 같은 전문적인 도움을 받아보길 권합니다.

무기력을 가장하기 : "사람으로서 존중받고 싶어요."

가장 어렵고 힘든 상황입니다.
나타나는 현상은요. 반응이 없습니다.
혼내도 달래도 애원해도 별반 달라지지 않죠.
아무것도 안 합니다.
"너 이거 좋아했잖아. 한번 해볼래?"
그래도 묵묵부답.
"너 이러면 되겠어!"
혼내도 특별한 반응 없이 자기 방으로 들어가 버립니다.

부모님 입장에서는요. 그야말로 환장할 지경입니다.
부모로서의 무능력, 자격이 없다는 자괴감에다
절망감에 휩싸여 돌봄을 포기할까 생각도 하죠.

아이 입장에서는요.
무엇보다 새로운 도전을 시도해 볼 용기가 나지 않습니다.
그러는 데에는 여러 상황이 있는데요.
대표적으로는 완벽해져야 한다는 요구를 들을 때입니다.
마치 기계의 부속품처럼 해도 해도 끝이 없을 때,
이걸 끝내고 났을 때 더 어려운 과제가 주어질 거라 예상되면
굳이 하려고 안 하는 거죠.

뭐 하나 해보려는데 엄청 잘하길 기대하면
기대에 못 미쳐 실망하는 부모님의 모습을 보느니
차라리 "머리는 좋은데 게으르구나."라는 평을 듣는 게
더 낫다고 생각합니다.

또 다른 상황은 관계가 단절되어 있을 때입니다.
부모에게 더 이상 기대하지 않겠다는 마음이죠.
화도 내보고, 울기도 하고, 애써 설명을 해보기도 하는 등
이런저런 소통을 시도했는데도
모두 무시당하거나 형편없다는 말을 듣게 되면
인정을 못 받을 바엔 부모 말도 듣지 않겠다며
아무것도 안 함으로써 자신의 강한 의지를 나타냅니다.

신뢰가 무너지면 참으로 어렵습니다!
이럴 땐 신뢰부터 쌓아 올려야 합니다.
기다리고, 기다리고, 또 기다리면서 신뢰를 회복해야 하죠.
아주 큰 목표가 아니라 아주 작은 사소한 성취들을 발견해서
격려하고 또 격려해야 합니다.

포기하지 마세요!
아무것도 안 하고 있는 아이가
가장 외롭다는 걸 알아야 합니다.
관계를 단절했지만 관계 맺기를 정말로 원하고 있는 겁니다.
다리를 다치면 재활할 때 걸음걸이를 먼저 연습하는 것처럼
어제보다 아주 조금 나아진 오늘을 발견하고 격려해 나가면
진심이 통하고 마음을 열게 됩니다.
기억해야 합니다.
관계가 어떻든 부모와 아이는 평생의 소중한 인연임을…….

갈수록 "어휴!" 싶으시죠?
사랑받고 존중받는 긍정적인 경험이 부족하다 느끼면
아이는 이렇게 해서라도 존재감을 인정받고 싶어 합니다.
그래서 보이는 나름의 궁여지책들이죠.

무엇보다 아이는 그 무엇이 되지 않아도 소중한 사람임을
스스로 경험할 수 있어야 합니다.

아무 일도 없는 평범한 날에 포근한 햇살이 내리쬐는 것처럼
그냥 그러하게 느껴지는 아이를 향한
부드러운 관심이 필요합니다.

18

자꾸 자기 몸에 상처를 내요 너무 걱정돼요

살려달라는 몸짓이라고 생각해 보신 적 있나요?

"이러다 잘못 그으면 진짜 큰일 난다, 너……."

상처로 퉁퉁 부은 오른 손목을 바라보며 걱정하는 내게

그 아이는 언제나처럼 피식 웃어 보입니다.

별일 아니라는 듯…….

"손목이 뭔 죄야, 매번 칼을 맞게! 이봐, 퍼렇게 부었잖아."

"그러게요. 좀 안 되긴 했어요. 그죠?"

"그니까……."

"근데 칼을 대고, 피가 나고, 그걸 보고 있음 좀 나아져요. 마음이……."

자해가 위로가 된다니 당황스러울 뿐입니다.
초보 상담자였을 땐 그 느낌을 상상하기 어려웠습니다.
혼자 그 무서운 행위를 한 다음에
침착하게 닦고, 약을 바르고, 붕대를 감는 과정을 거치는 동안
죽은 듯 마음이 평온해진다는 그 느낌!

그들은 어떤 세상을 살길래 자해로 위로를 받는 걸까요?
세상에 위로해 줄 것들이 얼마나 없었으면,
얼마나 말할 곳이 없었으면,
깊은 밤 혼자 그런 탈출과 해방을 꿈꾸게 되는 걸까요?

학원, 성적, 대인관계, 가족 간 갈등, 머나먼 꿈, 답답한 일상,
뻔한 지시와 통제 그리고 한계가 느껴지는 자신…….
그 모든 것들을 잊고
이제야 마치 죽은 듯 조용히 숨을 쉬는 것 같다고
수많은 아이들이 온라인 공간에 자해 사진을 올리며

힘겹게 이야기를 나눕니다.

'뭐 하는 짓인가?'
'왜들 저러나?'
놀란 마음은 천천히 가라앉히고
왜 자해로 막막한 마음을 표현하고 있는지
먼저 부모인 우리를 돌아보아야 하는 건 아닐까요?

좀 더 멋지게, 지금과는 다른 모습이 되라고 말하기 전에
지금도 참 좋다는, 이대로 너와 함께 있는 지금이 좋다는,
충분하고 감사하다는,
넉넉한 말들과 따뜻한 마음의 보금자리가 필요한 때입니다.
그것이 부모인 우리가 아이에게 전하고 싶은 마음이잖아요.

19

잘못을 잘못이라고 생각 안 해요

강한 게 이기는 거라고 말한 적은 없나요?

아이들이 범죄를 저지르고 자랑하듯 SNS에 올리며
어차피 이렇게 된 거 발뺌하면 지나간다고 웃고 떠드는 모습,
이 기회에 SNS 스타가 돼보자는 아이들의 태도,
여러 번 사회를 놀라게 합니다.

적지 않은 아이들이 보여주는 낯선 이 모습에

실상 몇 년 전부터 저는 곧잘 당황했습니다.
학교 폭력 가해자로 특별교육을 받으러 온 아이들이
언제부턴가 자신의 행동을 그닥 심각히 여기지 않는다는 걸
여러 번의 상담을 통해 느끼게 되었을 때부터였죠.
징계를 받았음에도
미안하거나 잘못했다는 생각은 찾아보기 어려웠거든요.
"그게 뭐 어때서?"라며 맘대로 하라는 식이었습니다.

불쾌할 만큼 무례한 말투,
상황을 고려하지 않는 거친 행동을 보면서
처음엔 어렸을 때의 상처나
부모의 보살핌이 부족했던 때문이라 고전적으로 이해했지만,
그런 식으로 단순히 설명하기엔 어려운 뭔가가 느껴졌습니다.
어느샌가 알 수 없게 변해 버린 아이의 갑작스런 태도에
부모님들은 어떻게 대응해야 할지 몰라 당황했고,
저 역시 뭔가를 놓치고 있는 건 아닌가 고민하게 되었죠.

무엇을 놓친 걸까요? 언제부터였을까요?
아이들은 어른들을 신뢰하지 않는 것 같았습니다.
어른들은 자기들을 보호해 주지 않는다고 믿고 있었습니다.

자신을 지키려면 스스로 강하다는 걸
타인이 알도록 보여주어야 한다고 생각하는 것 같았죠.
그런 아이들의 마음에는 접근하는 것조차 힘들었습니다.
'저들이 피해자의 입장에 공감하고 미안해할 수 있을까?'
절대로 일어나지 않을 일처럼 보였거든요.

놀이 중이었습니다.
인형을 이용해 재미있는 상황극을 하고 있었죠.
"그래서 얘가 얘를 왜 때린 거야?"
때린 아이가 말했습니다.
"화나게 하잖아요. 어린 게 막 대들고, 버릇없이 굴고요."
"아, 그래서 화가 났구나. 그래서 때린 거구나."
"그럼요. 말로 이미 몇 번이나 얘기했는데도 소용없었어요. 웬만하면 봐줄라 했는데, 이럴 땐 맞아야 해요."
"그랬구나. 그래서 맞은 아이는 어떻게 됐어?"
"사라졌어요. 울다가…… 아마 집으로 갔겠죠."
"울다가…… 울었구나……."
"뭐, 아파서 울었겠죠. 어쨌든 집으로 갔어요."
"집에 가서 어떻게 했을 것 같아?"
"뭐, 방에 틀어박혔겠죠. 관심 없어요. 몰라요!"

이상했습니다.
인형놀이를 하면 한 사람 한 사람의 사연이 나오기 마련인데,
때린 아이의 사정은 있지만 맞은 아이의 사정은 없는,
정확히는 맞은 아이의 상황이 느껴지지 않는 것 같았거든요.
그 아이는 정말로 인지적으로 생각하고 있었죠.
'집에 갔고 좀 울었다.'
가볍게 말하고는 더는 생각하고 싶어 하지 않았습니다.

많이 고민했습니다.
'내가 이 아이의 상황을 공감하지 못하는 건가?'
'겁이 나서 피해자의 입장은 이해하고 싶지 않은 건가?'
십여 년간 상담을 해오는 동안 많은 아이들을 만나면서
갈수록 뭔가 변한다는 느낌을 오랫동안 떨칠 수 없었습니다.

공감은 인간이 가진 기본적이고도 자연스러운 감정인데,
실제로는 이처럼 상대방의 입장을 공감하지 못하는 아이를
저는 요즘 종종 어렵지 않게 만납니다.
잘 살펴보니 공감하기 싫거나 기분이 나빠서라기보다
공감 능력 자체가 떨어져 있었어요.

공감은 상호작용을 통해 배우는 감정입니다.
누군가가 공감해 준 경험이 있어야 공감을 받아 소통이 되고,
그로써 자신의 어려움이 해결되어 본 경험을 해본 후에야
그 가치를 알게 됩니다.
공감이 없거나 자신의 행위에 대한 성찰이 없다는 건
바로 그런 경험이 없었기 때문입니다.
부모로부터 공감을 받거나 인정받지 못하고 소통하지 못하니
자신을 돌아보거나 상대에게 진심을 전하지 못하는 거죠.
타인에게 공감하고, 미안함을 느끼며, 책임을 지려는 마음은
자신의 행위로 인해 피해 입은 타인의 상처를
있는 그대로 바라보아야 하는
쉽지 않은 용기를 필요로 합니다.

또한 온 나라가 놀랄 만큼의 비리를 저지르고도
"돈도 실력이니 돈 없는 너희 부모를 탓해라."라는 말을
거리낌 없이 할 수 있는 사회도 분명 큰 책임이 있습니다.

아주 오랫동안 큰 범죄를 저지른 이들이 비호를 받고,
피해자들은 오히려 조롱당하는 현실을 목격하는 일은
어쩌면 자신의 범죄를 인정하거나

피해자의 아픔에 공감하거나
자신의 죄를 참회하며 죄의 대가를 받는 게
약하고 힘없고 별 볼 일 없는 사람들이어서 당하는 일이라고
우리 사회가 이야기하고 있는 건 아닌지
어른들이 이끌어가는 이 사회를 돌아보지 않을 수 없습니다.

강한 자일수록 더 당당하게 범죄를 드러내며 자랑하는 현실.
세월호 같은 참사조차 아무도 책임지지 않는 속절없는 나라.
내 책임을 인정하면 바보처럼 패배자가 되고 낙오된다고
사회가 말하고 있는 것은 아닌지 돌아보게 합니다.
그렇게 나쁜 짓을 해도
오히려 당당하게 변명하며 별일 아닌 것처럼 넘기는 행위를
뭔가 힘을 가진 사람인 양 여기게 된 건 아닌가 싶습니다.

아이들은 선함을 지향할 가능성을 갖고 있고
그것을 선택할 수 있습니다.
그럼에도 사회나 부모가 선함을 지향하면
긍정적인 결과를 가져온다는 분명한 희망을 심어주지 못해
아이들이 '굳이 나의 지난 행동을 반성하며 새롭게 돌아보는
힘겨운 모험을 할 필요가 없다'고 생각하게 만드는 건 아닌지

반성도 해봅니다.

아이는 어른의 거울,
미래세대는 기성세대의 거울이라고 합니다.
내일은 안 살 것처럼
자신의 삶을 소홀히 다루는 어린 학생들을 보면서
괜찮은 어른으로 오늘을 사는 게
얼마나 중요한 일인지를 생각하게 합니다.

20

에러야……
근데 너무 아름다운 거지!

잃어버린 것, 아이를 진지하게 대하는 습관

잘못된 교육은 대부분 이렇게 시작한다. 너무 지나친 요구에 직면한 아이는 자신을 가치 없는 존재로 여기는데, 이러한 감정은 그의 마음 속 깊이 각인된다. 심지어 어떤 사람들은 아이에게 그들이 작고 열등하며 중요하지 않은 존재라는 사실을 계속 주입시킨다. 또 어떤 사람들은 아이를 장난감 공이나 오락물로 취급하기도 한다. 혹은 애지중지하는 물건으로 여기거나 아니면 귀찮은 짐으로 간주하기도 한다. 아이들은 이런 일들을 한꺼번에 경험하기도 하며, 때로는 이 사람을 통해 때로는 저 사람을 통해, 자기가 단지 어른들에게 기쁨을 주거나 아니면 불쾌감을 주는 존재에 불과하다는 것을 깨닫게 된다.
이런 식으로 아이들의 마음속에 싹트기 시작한 심한 열등감은 우리 문화의 독특한 성격 때문에 한층 더 심해질 수 있다. 아이들을 진지하게 대하지 않는 습관뿐 아니라 아이들은 근본적으로 아무것도 아니며, 아무런 권리도 없으며, 어른들에게 항상 양보해야 하고, 공손해야 한다고 가르치는 행위가 바로 그런 것이다. 아무리 옳은 것이라도 적절하지 못한 방식으로 가르치게 되면 아이들은 당연히 반발한다.

-알프레드 아들러《인간 이해》중에서

1926년에 쓰인 알프레드 아들러의《인간 이해》라는 책은
거의 100년 전이지만 현재의 작가가 쓴 글처럼 다가옵니다.
찬찬히 들여다볼까요.

"잘못된 교육은 대부분 이렇게 시작한다. 너무 지나친 요구에 직면한 아이는 자신을 가치 없는 존재로 여기는데, 이러한 감정은 그의 마음속 깊이 각인된다."

아이들에게 하는 요구들,

부모는 그것이 지나치다고 생각하지 않습니다.

아침에 늦지 않게 일어나고, 학교에 지각하지 않으며,

수업시간에 졸지 않고 선생님 말씀을 잘 들으며,

친구들과 싸우지 않고 잘 지내며, 학원에 빠지지 않으며,

숙제 먼저 해놓고 컴퓨터나 핸드폰 하는 시간을 지키며,

늦지 않은 시간에 깨끗이 씻고 자는 일…….

학생이라면 기본적으로 해야 하는 일이라고 생각합니다.

그렇게 무리한 요구라고 생각하지 않습니다.

그럼 역지사지해서 한번 볼까요?

헬스나 여타 복지관 등의 교육을 신청해 배워보신 부모님들,

매일 과제를 다 하고, 빼먹지 않고 출석하고 수강하는 게

쉬운 일이었나요?

여기에 조금 더해 매일 청소를 하고, 새로 반찬을 만들고,

집안 정리를 꼼꼼히 하며, 가계부를 정확하게 쓰고,

일정을 놓치지 않고 집안 대소사를 모두 챙기는 일이

당연히 해야 할 기본이라 말한다면 어떻게 느껴지시나요?

지나친 요구라 여겨질 겁니다.

아이들은 이보다 훨씬 더한 요구를 받습니다.
공부를 잘해야 하고 반에서 중심이 되어야 하며,
인사도 잘하고, 예의 바르게 어른들을 대해야 합니다.
게다가 다가오지도 않은 미래의 아주 요긴한 직업을 찾아
지금부터 노력하라는 추상적인 요구까지 듣죠.

지나친 요구사항들은 지금 존재하고 있는 나를
나태하고 능력이 부족하며 불성실한 사람이라 여기게 만든다고
아들러는 말합니다.

"심지어 어떤 사람들은 아이에게 그들이 작고 열등하며 중요하지 않은 존재라는 사실을 계속 주입시킨다. 또 어떤 사람들은 아이를 장난감 공이나 오락물로 취급하기도 한다. 혹은 애지중지하는 물건으로 여기거나 아니면 귀찮은 짐으로 간주하기도 한다. 아이들은 이런 일들을 한꺼번에 경험하기도 하며, 때로는 이 사람을 통해, 때로는 저 사람을 통해, 자기가 단지 어른들에게 기쁨을 주거나 아니면 불쾌감을 주는 존재에 불과하다는 것을 깨닫게 된다."

몇 번을 읽어보아도 부끄러운 문장입니다.
우리가 놓치고 있는 아이들을 대하는 태도들…….

"위험해! 너는 아직 어려서 할 수 없어."
"아주 귀엽고 예쁜 아이구나."
"너는 나의 소중한 보물이야."
"정말 지친다. 넌 왜 날 이렇게 힘들게 하니!"

우리가 평소 쉽게 하는 말입니다.
무섭게 대하거나 때리는 폭력적인 부모만의 이야기가 아닙니다.
선의를 가지고 무심하게 하는 말들과 태도 속에도
못할 거라는 걸 암시하거나, 장난감 오락물로 취급하거나,
애지중지하는 물건 혹은 귀찮은 짐인 양 느끼게 하는
언어를 사용하고 있으니까요.
부모로서 미처 생각하지 못한 것일 수도 있습니다.
아이를 진지하게 대하지 않는 게 습관이 되었기 때문이죠.

"이런 식으로 아이들의 마음속에 싹트기 시작한 심한 열등감은 우리 문화의 독특한 성격 때문에 한층 더 심해질 수 있다. 아이들을 진지하게 대하지 않는 습관뿐 아니라 아이들은 근본적으로 아무것도 아니

며, 아무런 권리도 없으며, 어른들에게 항상 양보해야 하고, 공손해야 한다고 가르치는 행위가 바로 그런 것이다. 아무리 옳은 것이라도 적절하지 못한 방식으로 가르치게 되면 아이들은 당연히 반발한다."

미래세대인 아이들에게 새로운 세상을 열어주고 싶다면
우리는 제일 먼저 무엇을 회복해야 할까요?
존재를 바라보는 태도, 아이들을 진지하게 대하는 습관,
나아가 자신을 포함한 사람을 진지하게 대하는 문화입니다.

아들러가 살았던 1927년의 독일은
전쟁에 패한 원인을 유태인 때문이라며
국가사회주의인 나치즘으로 치닫던 때였습니다.
현실의 상처를 과거의 성공과 민족의 명예로움으로 왜곡하며
참혹한 폭력을 정당화하던 시기였죠.

우리 또한 6.25전쟁이라는 비극을 겪은 후
오랫동안 성공만을 추구하는 사이에
어느새 부족한 것, 실패하는 것, 열등한 것에는
별 가치를 둘 필요가 없다며 존재와 생명의 가치보다는
겉으로 보이는 것만 중시하는 문화를 만든 건 아닐까요?

그 결과 너무나 당연한 사람이 먼저인 세상이,
그런 세상이 꿈이나 이상이 되어 버린 건 아닐까요?

드라마 〈눈이 부시게〉에는
남녀 주인공이 이렇게 대화하는 장면이 나옵니다.

"내 생각엔 오로라는 에러야. 에러, 에러라구. 버그, 작동오류! 내가 옛날에 어디선가 읽어봤는데, 오로라는 원래 지구 밖에 있는 자기장인데, 어쩌다 보니 북극으로 흘러들어 왔다는 거야. 그 말인즉슨, 오로라는 조물주가 의도한 대로 만들어진 게 아니라 어쩌다 보니 만들어진 에러다 이거지."
"나 같은 거네……."
"근데 너무 아름다운 거야. 그 에러가! 에러인데도, 에러도 아름다울 수 있어. 눈물 나게. 나는 오로라를 막 만나는 순간에 딱 울 것 같아. 와, 오로라다. 너무 사랑스러울 것 같아!"

내 아이에게서 보이는 에러, 내 삶에 스며든 에러…….
우리는 어떻게든 실수와 실패를 피해 도망치고 싶어 합니다.
하지만 그 순간조차 나의 희로애락이 모두 녹아든
진지한 나의 시간 아니었을까요?

존재를 진지하게 대하는 습관과

불완전한 나를 그대로 사랑할 수 있는 용기가 필요한 때입니다.

성공과 실패라는 잣대에서 벗어나

노력과 열정이 깃든 성장의 과정으로 바라보면

어쩌면 지금 우리 눈앞에 있는 아이는

너무나 아름다운 오로라가 아닐까요?

네 번째 시간 체크 리스트

아픔과 만나기

누구나 살아가면서 스스로 감당하기 어려웠던 아픔을 경험할 때가 있습니다. 큰 상처를 경험하게 되면 일상이 무너지고 예전엔 아주 쉽게 할 수 있었던 일들도 버겁게 느껴져 삶을 위축시킵니다.

왜 내게 이런 일이 일어났을까? 내가 뭘 잘못한 걸까?

해답을 찾지 못한 아픔은 나 자신을 탓하며 해롭게 합니다.

반대로 생각해 보면 이 세상엔 수많은 비극이 일어나며, 내게는 절대 일어나지 않을 일이란 없습니다. 중요한 건 비극이 일어난 것이라기보다 그 상처를 어떻게 이해하고 대처하는가 하는 나의 태도이고, 내가 원하는 방향으로 대처하기 위해선 경험하고 있는 아픔을 한번쯤은 제대로 보아주는 관심이 필요합니다.

아픔은 사람을 좌절시킬 수도 있지만 아픔을 겪어내며 좀 더 깊어지는 성장의 계기가 될 수도 있습니다. 무엇보다 아파하는 내 마음 한 자리를 외롭게 외면하지 마시고 곁에 머물러 주십시오.

누구보다 나의 상처를 잘 알고 있는 나는 가장 좋은 치유자이자 벗이 될 수 있습니다.

아픔과 만나는 첫 번째 방법

상처 깊은 마음 앞에서

내가 가장 힘들었을 때,

그때의 나를

그림으로 표현해 주세요.

그때 어떤 일이 있었는지 짧게 표현해 주세요.

9개월, 2.7kg이 된 태아를 사산하고 나서

죽은 아이의 얼굴이라도 보고 싶어 밤에 영안실을 찾아가는 그림.

해보기

상처 깊은 마음 앞에서

내가 가장 힘들었을 때,

그때의 나를

그림으로 표현해 주세요.

그때 어떤 일이 있었는지 짧게 표현해 주세요.

아픔과 만나는 두 번째 방법

아픔과 대화하기 1

상처 난 내 마음은 무슨 말을 하고 싶어 할까요?

오랫동안 많이 아팠지. 아주 길고 우울한 시간들을 보냈어. 그러고 보니 벌써 20년 전이다. 어제 일 같은데…… 시간은 어떻게든 흐르는구나.

지금은 많이 좋아졌어. 나를 자책하는 마음도 누군가를 원망하는 마음도 지나갔지. 그저 아이와 나와의 인연이 거기까지였던 것으로, 오래 기억하는 것으로 함께 살고 있다 여기기로 마음먹고 있어. 그래도 또 때때론 그립지만, 그 정도는 아파야 더 좋은 것 같아. 상처가 다 사라져 버리는 건 너무 서운한 일인 것 같아.

내가 많이 아파하는 동안 꾸준히 돌보아주어 고마워.

해보기

아픔과 대화하기 1

상처 난 내 마음은 무슨 말을 하고 싶어 할까요?

아픔과 만나는 세 번째 방법

아픔과 대화하기 2

힘들어하는 나의 아픔에게 위로의 말을 전해 주세요.

10년 넘게 많이 힘들어했어. 그래서 알게 됐지. 내가 사람을 잃는다는 걸 얼마나 힘겨워하는지. 그래도 포기하지 않고 이런저런 공부들을 하며 내 상처를 돌보아가는 모습이 참 좋았어. 덕분에 배우고 알게 된 것도 많았고…….

그 말이 맞는 것 같아. 아팠던 기억도 사라지는 건 서운한 일이라는…….

우리가 함께 추억하는 장면이 기쁨이든 슬픔이든 잊지 않고 기억하는 건 중요하니까. 고생 많았어. 그리고 긴 시간 잘 견디고 치유를 위해 노력해 준 것에 대해 감사해!

해보기

아픔과 대화하기 2

힘들어하는 나의 아픔에게 위로의 말을 전해 주세요.

아픔과 만나는 네 번째 방법

아픔과 대화하기 3

이 과정을 통해 나에 대해 좀 더 알게 된 내용을 적어보세요

첫 번째, 내게 사람은 아주 중요한 의미였구나.

두 번째, 반복적인 그림 패턴(첫 번째 시간 그림과 네 번째 시간 그림에서 긴 길이 반복되는 것)이 의미하는 것을 관찰할 것. 상단으로 길게 이어지는 길. 뒷모습이 보이는 것은 뭔가 현실을 정면으로 보지 못하고 이상을 따라가는 건 아닐까 하는 생각이 들었음.

세 번째. 그러고 나서 보니 참 많이 힘들었는데 많이 좋아졌구나.

해보기

아픔과 대화하기 3

이 과정을 통해 나에 대해 좀 더 알게 된 내용을 적어보세요.

아이를 진지하게 대하는 습관 갖기

엄마가 마음을 공부하는 시간

초판1쇄 발행 2020년 9월 10일

지은이 김이수
펴낸이 정광진

펴낸곳 (주)봄풀출판
디자인 모아김성엽

신고번호 제406-396010025100200900000 1호
신고년월일 2009년 1월 6일

주소 경기도 파주시 회동길 455-2, 4층
전화 031-955-9850
팩스 031-955-9851
이메일 spring_grass@nate.com

ISBN 978-89-93677-74-4 03180

이 도서의 국립중앙도서관 출판예정도서목록(CIP)은 서지정보유통지원시스템 홈페이지(http://seoji.nl.go.kr)와 국가자료종합목록 구축시스템(http://kolis-net.nl.go.kr)에서 이용하실 수 있습니다. (CIP제어번호 : CIP2020017619)

이 도서는 한국출판문화산업진흥원의 '2020년 출판콘텐츠 창작 지원 사업'의 일환으로 국민체육진흥기금을 지원받아 제작되었습니다.